青少年成长必读：人文科学知识丛书

影响人类历史的名人

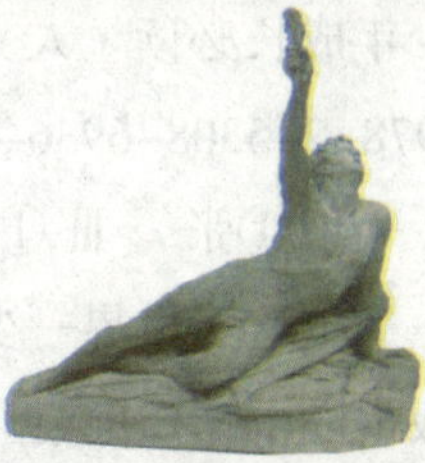

彩图版

张　轩◎主编

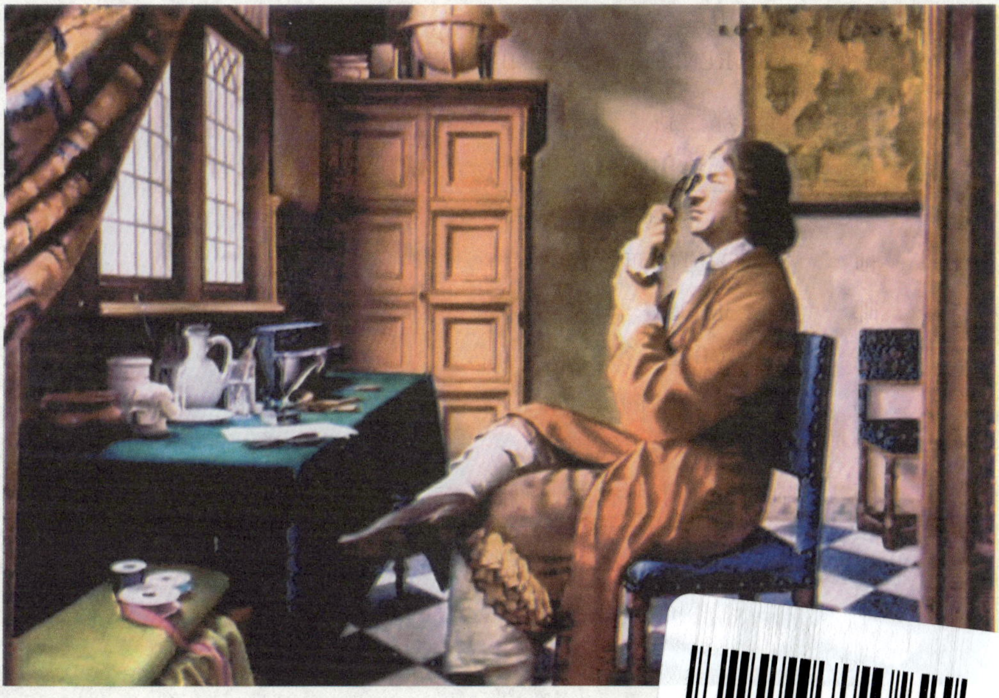

天津出版传媒集团
天津科学技术出版社

图书在版编目(CIP)数据

影响人类历史的名人/张轩主编.—天津：天津科学技术出版社，2012.4（2019.6重印）
（青少年成长必读·人文科学知识丛书）
ISBN 978-7-5308-6936-9
Ⅰ.①影… Ⅱ.①张… Ⅲ.①名人—生平事迹—世界—青年读物②名人生—平事迹—世界—少年读物 Ⅳ.①KS11–49
中国版本图书馆CIP数据核字（2012）第057355号

影响人类历史的名人
YINGXIANG RENLEI LISHI DE MINGREN

责任编辑：郑　新

出　　版：	天津出版传媒集团 天津科学技术出版社
地　　址：	天津市西康路35号
邮　　编：	300051
电　　话：	（022）23332674
网　　址：	www.tjkjcbs.com.cn
发　　行：	新华书店经销
印　　刷：	三河市燕春印务有限公司

开本 700×1000mm 1/16　　印张 9　　字数 150 000
2019年6月第1版第3次印刷
定价:29.80元

前言
FOREWORD

  虽然我们现在身处科技发达、物质丰富的时代，但回头注视波澜壮阔的历史岁月，赞叹人类灿烂瑰丽的文明时，总有一些人或事令我们怦然心动，让我们永远铭记。

  在历史的长河中，对人类产生过深远影响的人物灿若星辰。他们拥有睿智的目光、深远的思想、博大精深的智慧，是各领域中杰出的领袖。其中，有些是在风云变幻的历史时刻高瞻远瞩、力挽狂澜，成为强大的执政者；有些则是在自然、科学、艺术等方面作出了巨大贡献，为后世留下了难以估量的财富。他们的丰功伟绩令我们震撼，深深影响着人类的思维方式和整个社会的进程。

  本书为读者呈现了人类历史上最具震撼力的 100 位人物，除用生动的文字介绍他们不平凡的人生外，还配以大量珍贵的历史图片，希望能使读者清晰地看到世界发展的轨迹，感受到每一个伟大时代的精神。

目录 CONTENTS

- 荷 马
  ——希腊史诗的吟唱者/ 6
- 泰勒斯
  ——科学之祖/ 8
- 老 子
  ——道家学派的创始人/ 10
- 孙 武
  ——伟大的古代军事家/ 11
- 孔 子
  ——中国思想文化的集大成者/12
- 柏拉图
  ——理想王国的缔造者/ 14
- 亚里士多德
  ——百科全书式的学者/ 16
- 孟 子
  ——儒学亚圣/ 18
- 庄 子
  ——道家学派的代表人/ 20
- 亚历山大大帝
  ——年轻的军事家/ 21
- 阿基米德
  ——数学之神/ 24
- 秦始皇
  ——中国历史上第一位皇帝/ 26
- 恺 撒
  ——罗马帝国的奠基人/ 28
- 欧几里得
  ——欧氏几何的创始人/ 30
- 蔡 伦
  ——造纸术的发明者/ 32
- 唐太宗
  ——一代明君/34
- 成吉思汗
  ——一代天骄/ 36
- 马可·波罗
  ——世界著名旅行家/ 38
- 但 丁
  ——意大利民族文学的奠基人/ 40
- 贞 德
  ——法国的民族女英雄/42
- 哥伦布
  ——伟大的探险家/ 44
- 达·芬奇
  ——文艺复兴之杰/ 46
- 达·伽马
  ——东西方新航路的开辟者/ 48
- 哥白尼
  ——创立太阳中心说的人/ 50
- 米开朗基罗
  ——文艺复兴艺术家/52
- 麦哲伦
  ——第一次环球航行的领航者/54
- 伊丽莎白一世
  ——日不落帝国的舰长/ 56
- 培 根
  ——现代实验科学的始祖/ 58
- 莎士比亚
  ——戏剧之王/ 60
- 伽利略
  ——近代科学实验方法之父/ 62
- 开普勒
  ——天上的立法者/ 64
- 克伦威尔
  ——资产阶级革命家/ 66
- 牛 顿
  ——科学巨人/68
- 巴 赫
  ——音乐之父/ 70
- 伏尔泰
  ——用笔杆战斗的勇士/ 72

- 富兰克林
  ——资本主义精神最完美的代表/ 74
- 华盛顿
  ——美国之父/ 76
- 瓦　特
  ——工业革命的缔造者/ 78
- 杰弗逊
  ——美国自由主义的化身/ 80
- 拉瓦锡
  ——近代化学之父/ 82
- 伏　特
  ——改变电学面貌的使者/ 84
- 詹　纳
  ——天花病毒的克星/ 85
- 歌　德
  ——德国最伟大的诗人/ 86
- 莫扎特
  ——音乐史上的奇才/ 88
- 道尔顿
  ——近代原子学说的创始人/ 90
- 拿破仑
  ——叱咤欧洲风云的枭雄/ 92
- 贝多芬
  ——音乐大师/ 94
- 安　培
  ——电动力学的先创者/ 96
- 达盖尔
  ——摄影之父/ 98
- 法拉第
  ——电磁学的奠基人/ 100
- 巴尔扎克
  ——法国大文豪/ 102
- 普希金
  ——俄国文学之父/ 104
- 雨　果
  ——文学巨匠/ 106
- 达尔文
  ——进化论学说的创始人/ 108
- 南丁格尔
  ——提灯天使/ 110

- 托尔斯泰
  ——世界文学大师/ 112
- 诺贝尔
  ——炸药大王/ 114
- 伦　琴
  ——伟大的物理学家/ 116
- 爱迪生
  ——天才发明家/ 118
- 贝　尔
  ——电话之父/ 120
- 普朗克
  ——杰出的物理学家/ 122
- 泰戈尔
  ——文学宗师/ 123
- 福　特
  ——汽车之父/ 126
- 莱特兄弟
  ——飞机的发明者/ 128
- 居里夫人
  ——伟大的女科学家/ 130
- 卢瑟福
  ——核物理学的奠基人/ 132
- 马可尼
  ——无线电之父/ 134
- 爱因斯坦
  ——世纪伟人/ 136
- 海伦·凯勒
  ——自强不息的作家/ 138
- 谷登堡
  ——金属活字印刷术的奠基人/ 140
- 弗莱明
  ——青霉素的发明者/ 142
- 毕加索
  ——超现实主义画家/ 143

荷马
希腊史诗的吟唱者

相传荷马是古希腊诗人，他因《荷马史诗》而闻名世界，流传千古。同时，他也是一位四处游吟的盲歌者，用音乐和歌声诠释着自己艰辛而快乐的生活。虽然荷马这个人是否真实存在，目前尚无定论，但是《荷马史诗》在西方文学界的贡献是无可争辩的。

有关荷马的生平及身世，目前还没有可靠的传记资料，但古代曾有过种种神话般的传说。按照公元前5世纪希腊历史学家希罗多德的说法，荷马约生于公元前850年。当时正值希腊氏族解体、奴隶制开始形成时期，即英雄时代。关于荷马的出生地，也是众说纷纭、莫衷一是，但史诗中使用的语言可以表明，荷马应该来自爱琴海东岸的伊奥尼亚。

《荷马和他的向导》也是一部史诗，画家布格罗以写实主义造型手法，真实地描绘了这位伟大的盲诗人在与他共命运的小向导引导下，走遍希腊各地搜集整理民间传说，汇集而成伟大的《荷马史诗》的过程。

传说中，荷马是一个盲人，他常常带着一把破旧的七弦琴流浪在热闹的街巷，以歌乐维持生计。据资料显示，古代的职业歌手或文学艺人中，常以盲人居多。他们有的是因为生病导致失明而选择这种职业，有的则是被人弄瞎而成为专事歌乐的奴隶。从《荷马史诗》精彩的视觉形象的比喻来看，如果荷马真的是盲人，也一定不是天生的，否则那些鲜明而逼真的刻画就无法解释。

毫无疑问，荷马的名字之所以永垂不朽，与他的杰出作品《荷马史诗》密不可分。《荷马史诗》是人类早期最宏伟的文学杰作，它被认为是欧洲文学史上最早的艺术珍品。

《荷马史诗》共分为两部——《伊利亚特》和《奥德赛》，共48卷，27 803行，其规模宏大，内容丰富，用神话的形式描绘了氏族社会向奴隶制社会过渡时期希腊广阔的社会生活，在艺术上和思想上都堪称是古代文化的集大成者。其中，《伊利亚特》24卷，共15 693行，描写的是希腊人围攻特洛伊城的故事，以奥德修斯

木马计。18世纪画家G. D. 蒂波罗根据荷马的作品《伊利亚特》描述的内容所作的画。

攻占了特洛伊城，希腊人取得胜利而告终。另一部史诗《奥德赛》也是24卷，共12 110行，描写的是特洛伊战争后，希腊英雄伊达卡王奥德修斯在归途中海上历险的故事。故事的结果是奥德修斯和他的儿子一起杀死了求婚人和背叛他的奴隶，重新登上了伊达卡王的宝座。这两部史诗中所体现的集体主义和英雄主义精神，肯定正义、斥责邪恶等，对我们来说具有很大的认识论意义和研究价值。

至于《荷马史诗》是在什么时候完成的，现在还无法确定。据说在公元前6世纪，雅典统治者庇西特拉图曾经命令文人学士在宫廷里对《荷马史诗》进行过记录整理。如果这一说法的确属实，世人就要感谢庇西特拉图了，因为史诗若不是在刚刚问世时就被记载下来，恐怕这样的鸿篇巨著是很难完整地被保留下来的。

在公元前3～前2世纪，亚历山大港博学园的学者对这两部史诗又进行了加工编订，这才有了我们今天所见到的《荷马史诗》，即史诗的最后定稿。从此，希腊人一直把它们看做是自己民族至高无上的艺术精品而加以保留并使之流传。

《荷马史诗》在西方古典文学界享有很高的声誉，无产阶级的伟大导师马克思曾给予它极高的评价，说它具有"永久的魅力"，是"一种规范和高不可及的范本"。

历史上究竟有没有荷马这个人？《伊利亚特》和《奥德赛》真的出自他之手吗？这是西方学术界争论已久的两个问题。我们先将荷马其人是否真实存在搁置一边，仅从《荷马史诗》开创了西方文学的先河来说，此著的作者就值得后人永远纪念。

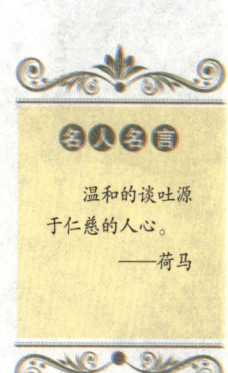

名人名言

温和的谈吐源于仁慈的人心。
——荷马

泰勒斯
科学之祖

泰勒斯是人类历史上第一位哲学家、天文学家、几何学家，此外，他在数学、农学等方面也有很高造诣，是名副其实的"科学之祖"，被尊为"希腊七贤之首"。泰勒斯的一生丰富多彩，他是一面飘扬在愚昧社会上空的鲜明旗帜。

由于历史悠久，史料缺乏，我们现在已经很难查考泰勒斯的出生年月和生平事迹，只能根据现有的资料大概了解与他有关的一些信息。

相传，泰勒斯出生在地中海东岸爱奥尼亚地区的希腊殖民地城邦——米利都城。他的父亲是一位奴隶主，因此，泰勒斯从小就受到了很好的教育。青年时期，泰勒斯曾到过埃及和巴比伦，他分别从埃及学到了先进的几何知识，从巴比伦学到了先进的天文知识，这些经历为他以后的发现奠定了坚实的基础。回国后，泰勒斯亲自创办了米利都学派，即古希腊朴素唯物主义学派，从而形成了西方哲学史上第一个哲学学派。

泰勒斯的哲学观点用一句话来总结就是"水生万物，万物复归于水"，他认为世界本原是水。这对后世科学和哲学的发展具有指导性作用。因此，恩格斯称泰勒斯的观点是"一种原始的、自发的唯物主义"。

当时，自然科学还很落后，人们把一切自然现象都看成是神灵的创造和安排。一天，在地中海东岸小亚西亚地区曾发生了一次日食。当明亮的太阳渐渐被一团黑影遮住时，人们异常恐惧、惊恐万状，以

泰勒斯在天文学、数学、哲学等方面都取得了巨大成就，他所提出的理论和定理一直沿用至今。泰勒斯无愧于"科学之祖"的称号。

为是魔鬼来到了人间，并且将要吃掉太阳。然而，泰勒斯却不相信这种太阳被魔鬼吃掉的说法，认为这只是存在于自然界中的一种自然现象，与魔鬼无关。于是，在接下来的几年里，泰勒斯开始对日食进行了不懈的研究，最终掌握了日食发生的规律，并在一次日食预报中证实了自己的猜想。

泰勒斯对天文学的另一个重要贡献就是测量出了太阳的直径。在古希腊，人们仅仅通过目测，一直认为太阳非常小，大概只有0.33米左右。善于思考的泰勒斯对这说法又产生了怀疑，经过长期反复的观察、思考和计算后，泰勒斯终于公布了自己的测量结果。他认为太阳非常大，直径大约是黄道的1/720，大约是131万千米。我们已经知道太阳的直径是139万千米，泰勒斯当年的计算结果只比这个数字小一点，他能在当时的社会条件下得出这个结果，简直是个奇迹。

对金字塔高度的测量，是泰勒斯在数学方面取得的一项了不起的成就。

有一天晚上，泰勒斯独自走在旷野之间，抬头看着天空。虽然当时满天星斗，但是他却预言第二天会下雨。突然，他的脚不小心踩到一个大坑里，随后整个身体也掉了进去。当路人把他救起时，他说的第一句话就是："你知道吗？明天会下雨啊。"从此，有了这样一种评价：天文学家是只知道天上的事情而不知道脚下发生什么事情的人。两千年之后，德国哲学家黑格尔说："一个民族只有有那些关注天空的人，这个民族才有希望。如果一个民族只是关心眼下脚下的事情，这个民族是没有未来的。而泰勒斯就是标志着希腊智慧的第一个人。"

除哲学和天文学外，泰勒斯在数学、农业方面也有杰出的贡献。他在埃及求学期间曾运用射影等比定律得出了金字塔的高度，这在当时是一项了不起的成果。在农业方面，泰勒斯看到古希腊各城市历法混乱，于是引进了古埃及的太阳历，这也是世界上第一种太阳历，对农业生产非常有帮助。

大约在公元前547年，泰勒斯逝世，人们在他的墓碑上刻着这样的话：这里长眠的泰勒斯是最聪明的天文学家，是米利都和爱奥尼亚的骄傲。

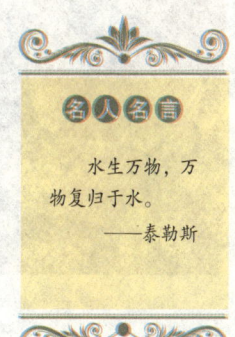

名人名言

水生万物，万物复归于水。
——泰勒斯

老子
道家学派的创始人

老子是我国春秋战国时期著名的思想家、哲学家，也是道家学派的创始人。如果把我国传统文化比作一棵参天大树，那么这棵大树的根系之一就是道家，老子在东方哲学中的奠基人地位是无可取代的。

老子姓李，名耳，字聃，约生于公元前604年。春秋战国时期，诸侯纷争，士人学者均周游列国，传学说道，诸子百家思想活跃。老子任史官期间，精通业务，熟知历史掌故，而且在工作之余，博学多思，善于体察人性。他厌恶繁琐的仁德礼制，认为这是束缚人性的枷锁。

后来，眼见朝廷衰微，社会混乱，老子毅然辞官离去。他试图摆脱人世的功名利禄，以达到与世隔绝的"自隐无名"的精神境界，追寻到"小国寡民"的理想国。当途经函谷关时，老子遇到一位名叫喜的守官令尹，喜请求老子把他的思想著书立说以启迪世人。老子答应了喜，并在隐居时写下了阐述自己哲学思想的《老子》，为中华民族留下了洋洋五千言的谈道论德著作。

在我国浩如烟海的书籍中，《老子》是一朵不朽的奇葩。老子的哲学思想大部分集中于《老子》中，后世也称为《老子道德经》或《老子五千言》。全书分上下两篇，共81篇文章，大约5000字。其内容主要是谈论道德，以感怀人生。在书中，老子以"道"为核心，创立了包括世界本原说、朴素辩证唯物主义以及认识论等的认识体系。老子哲学关注的首要和终极问题是"道"，他认为"道"是一个神秘的、不可感知的精神性实体，它先于世界万物存在，而且是产生世界万物的神秘本源。

老子不仅在中国历史上具有重要的地位，而且在世界范围内也有着广泛的影响。法国著名启蒙思想家伏尔泰曾引用老子"道生一、一生二、二生三、三生万物"的杰出命题去反对基督神学。

老子授经图。老子哲学与古希腊哲学共同构成人类哲学的两个源头，老子也因其深邃的哲学思想而被尊为"中国哲学之父"。

孙武
伟大的古代军事家

孙武是我国古代优秀的军事家,他也被后人称为"兵圣"。出身贵族家庭的孙武有着优越的学习环境,得以阅读许多古代军事典籍。享有"兵学圣典"美誉的旷世巨著《孙子兵法》是他的杰作。

公元前552年,孙武出生在齐国都城临淄以北的莒邑(今山东广饶县境内)。在朝中为官的祖父孙书,希望自己的孙儿可以继承和发扬将门武业,所以为他起名"武"。

孙武自幼聪慧睿智,勤奋好学,而且特别喜欢练武。同时,看兵书也是孙武的一大爱好。孙家是一个祖祖辈辈都精通军事的贵族世家,家中收藏的兵书非常多,孙武将这些兵书视为珍宝,整天潜心阅读。

约公元前517年,孙武离开故乡来到吴国,并在吴国结识了因避难而来到这里的伍子胥。孙武到达吴国后,便隐居深山,并在此时著成了旷世巨著《孙子兵法》。《孙子兵法》是我国古代流传下来的最早、最完整、最著名的军事著作,在军事史上占有重要的地位。

公元前512年,孙武在伍子胥的引荐下,当上了吴国的上将军,即全军最高统帅。孙武如鱼得水,刚上任便帮助吴王消灭了楚国的两个保护国。后来,孙武又以3万吴军大败20万楚军,一战成名。

公元前496年,吴王阖闾不听孙武劝阻,出兵攻打新即位的越王勾践,结果被勾践打败,并死于战场。孙武及伍子胥帮助阖闾之子夫差治国练兵,并助夫差成功打败勾践,北上称霸。

然而,这位军事奇才在晚年时却没能续写辉煌。因为吴王夫差称霸后开始变得骄傲狂妄,他不但没有听取孙武和伍子胥的苦心劝告,而且后来竟然将伍子胥杀死。因为史书中对孙武的晚年生活并无记载,所以后人的推测颇多。其中一种说法是:孙武退隐江湖,并以其战争经验改良《孙子兵法》,使之成为一代巨著;另一种说法是:孙武在伍子胥被杀后不久,也被吴王处死了。

孔子
中国思想文化的集大成者

孔子是儒家文化的创立者和传播者，他所创立的儒家思想在中国的影响源远流长，两千多年来无时不沉淀在每个中国人的脑海里。在中国历史上，很少有人能像孔子那样对后世有如此大的影响。

孔子画像

孔子是儒家学派的创始人，中国思想文化的集大成者，堪称传统文化的巨人。他的哲学重视个人道德，推行服务人民并由道德范例来治理国家，自汉代以来就成为2 000多年封建社会的正统思想。

孔子，名丘，字仲尼，公元前551年左右出生于鲁国陬邑昌平乡（今山东曲阜东南）。孔子的先辈曾是宋国的贵族，后来，他的曾祖父孔防叔为了躲避战祸，便携带家眷从宋国逃到了鲁国，这样，孔子一家就成了鲁国人。

孔子的父亲名叫孔纥，是当时一位很知名的武士，曾担任鲁国的军官。到晚年，孔纥又娶了一位名叫颜征在的女子。后来，颜氏到尼丘向神明祈祷才怀有身孕而生下孔子，为了表示纪念和感激之情，便为孔子取名为丘。

公元前549年，孔纥去世，孔子不到3岁就失去了父亲。颜氏因为在孔家遭受歧视，便带着年幼的儿子离开老家陬邑昌平乡，搬到了曲阜（今山东曲阜），靠自己的双手抚养儿子。在这样艰苦的环境下，饱受磨炼的孔子从

孔子和齐国太师谈论音乐，听了传说舜作的乐曲后，沉醉其中，以至三个月都尝不出肉的香味来。

小就积极向上，埋头于"六艺"的自学，并且在15岁时就立下了远大的政治抱负，希望有所作为。他17岁时，母亲颜氏也去世了，孔子学习更加刻苦。成年后，孔子做过管理仓库和牧场的小官。不久，他又离开鲁国，去了齐、宋、陈、魏、蔡等国，过着奔波不定的生活。后来，因为得到鲁君的资助，他又前往周国学礼。据说还曾拜见老子，亲自聆听过老子的教诲。大约30岁时，孔子的学问已经达到相当渊博的程度，当时有很多人都愿意拜他为师。从周国返回鲁国之后，孔子门下的学生更是与日俱增。

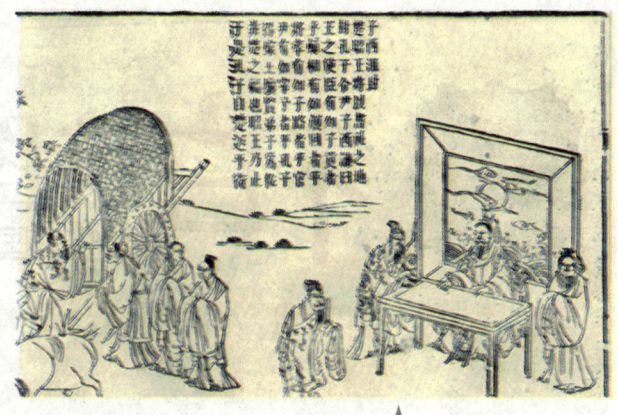

孔子讲学图。孔子循循善诱，教学有方，每天都有很多人来向他请教。

为了使普通老百姓也能接受教育，孔子开始广收弟子，成为中国开创私人教学的第一人。他主张"有教无类"，求学者不论身份、地位都可以到他那里学习，于是就有一大批下层平民到孔子的门下接受教育。据说孔子一生接收的弟子达到了3 000多人，其中有72人精通"六艺"，史称"七十二贤"。孔子的这一壮举，在我国的教育史上具有划时代的意义。

公元前517年，鲁国发生内乱，孔子便来到齐国，得到齐景公的召见和赏识，但齐景公却因为年老力衰而无法起用孔子。之后，孔子回到鲁国，继续教学，逐渐形成儒家学派。公元前501年，孔子50岁时，鲁定公任命他为鲁国中都宰，一年后孔子因成绩显著，升为司寇。后来，鲁定公受到齐国诱惑，疏于朝政，孔子气愤之余离开了鲁国。至此，孔子开始了长达十几年的周游列国的生活，却一直没有得到重用，便于公元前484年回到鲁国，开始全力进行教育和整理文化典籍的工作。

公元前479年，孔子因病去世。他的弟子及再传弟子将他生平的重要言行整理后集成《论语》一书。此书集中反映了孔子的思想，对后世影响很大。孔子的思想核心是"仁"的学说。他认为"仁"就是"爱人"，即人们应该彼此相爱，都应该把别人当做自己一样来看待，而且要设身处地地考虑他人的利益。

孔子的思想学说不仅渗透到了中国人的生活、文化等领域，甚至超越国界，对世界文化产生深远的影响。

名人名言

三人行，必有我师焉，择其善者而从之，其不善者而改之。
——孔子

柏拉图
理想王国的缔造者

柏拉图是古希腊伟大的哲学家、思想家。尽管后世学者对他的政治思想褒贬不一，但正如英国哲学家波普尔所说："柏拉图的影响是无法估量的，人们可以说，西方的思想，或者是柏拉图的，或者是反柏拉图的，但在任何时候都不是非柏拉图的。"

柏拉图是古希腊哲学家中第一个留有大量著作的人，是他把古希腊哲学推到了高峰，建立了一个庞大的以"理念论"为核心的客观唯心主义哲学体系。他和老师苏格拉底、学生亚里士多德并称为古希腊三大哲学家。

柏拉图原名阿里斯托勒斯，因为他自幼身体强壮，胸宽肩阔，所以体育老师就替他取了"柏拉图"一名。"柏拉图"希腊语意为宽阔。

约在公元前427年，柏拉图出生于雅典的一个贵族家庭，母亲是雅典民主制创始人梭伦的后代，父亲阿里斯顿是阿提刻最后一个王的后裔。优越的家族条件使柏拉图从小就受到了最好的教育，他很小的时候，父亲就为他请了三位启蒙老师，其中一位教文法、修辞法和写作，另一位教美术和音乐，还有一位则教他体育。

柏拉图不仅热爱写作，而且在美术老师的指导下，对美的东西的辨别能力也越来越强。后来，柏拉图在美学上的一些理论和见解，可以说和他童年的启蒙教育密不可分。

柏拉图20岁时，师从当时雅典最有学问的苏格拉底。苏格拉底顽强的探索精神、对智者派的轻视和厌恶，都给柏拉图留下了深深的印

在西方哲学史上，柏拉图是第一个使唯心论哲学形成体系的人。他的思想对后世产生了巨大的影响。

象并感染了他。从公元前407年开始,柏拉图在苏格拉底身边整整学习了8年,深得苏格拉底哲学的真谛,成为苏格拉底最优秀的学生。

公元前399年夏天,苏格拉底被雅典法庭以"腐蚀青年思想"的罪名处死,对柏拉图的打击非常大,也使他对雅典政府非常不

柏拉图学院

满。从此,柏拉图不愿再直接参与政治活动,决心一心一意地纪念苏格拉底,集中转入对哲学的研究,从而寻找一个理想的社会制度,建立一个更理想的国家。为了建立这个理想国,柏拉图随即离开雅典,进行了一次长期的海外漫游。这也是形成柏拉图思想体系的重要阶段。公元前387年,经过12年的游历后,柏拉图在雅典纪念英雄阿加德穆的圣殿附近的园林中创建了欧洲历史上第一所固定学校——学院,并一边教学,一边著书立说。这吸引了希腊各地很多的学者前往,其中以亚里士多德最为突出。

柏拉图主持学院的时间有四十多年,12年的游历生活和教师兼作家的双重身份为他著述作品打下了坚实的基础。他一生共写了36部著作,是古希腊哲学家中第一个留有大量著作的人,作品中大都是关于道德和哲学的著作。其中,《理想国》是柏拉图最著名的代表作,包括哲学、教育、文艺、伦理以及政治等内容,涉及了他思想体系的各个方面,但最主要的还是讨论所谓的"正义国家"的问题。

除哲学外,柏拉图在文艺、美学等方面也有自己成套的理论主张。他认为美的事物是美的理念的仿制品,这是柏拉图唯心主义美学观的基调。柏拉图一生写了大量著作,主要有《理想国》《法律篇》《政治家篇》。《理想国》代表了他中期的政治思想,《法律篇》和《政治家篇》则是晚期的作品。

约公元前347年,柏拉图在一个弟子的婚礼上说要小睡一会儿,从此就长眠未醒。柏拉图一生都在为理想国而奋斗,他设计理想国时,认为一个国家应该有三种人:护国者、卫国者和供养者。他理想地认为他们没有矛盾,会各安其位,各行其事,国家完美和谐,这就是柏拉图理想国的美好前景。

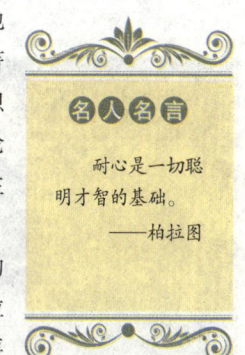

名人名言

耐心是一切聪明才智的基础。
——柏拉图

亚里士多德
百科全书式的学者

如果说柏拉图是一位综合型的学者，那么亚里士多德就是一位百科型的学者。他几乎在每一个学术领域都留下了自己的著作，对科学作出了巨大贡献。他是一位名副其实的"百科全书式的学者"。

亚里士多德对世界的贡献令人震惊。他至少撰写了170种著作，其中流传下来的有67部。当然，仅以数字衡量是远远不够的，更为重要的是亚里士多德令人折服的渊博学识。他的著作内容繁多，涉及天文学、地理学、地质学、物理学、胚胎学、解剖学以及生理学，在那个年代简直就是一部百科全书。

亚里士多德把科学分成实践科学、创制科学和理论科学三类。他创立了形式逻辑学，丰富和发展了哲学的各个分支学科。

公元前384年，亚里士多德出生在希腊北部爱奥尼亚殖民地斯塔吉拉城。亚里士多德刚满10岁那年，他的父亲尼科马卡因为医术高明而被马其顿国王阿穆塔指定为宫廷御医，亚里士多德一家的地位也因此显赫起来。

父亲希望亚里士多德继承自己的事业，所以亚里士多德从小就学习医学知识，父亲还对他进行了严格的实践训练，这也使他从小就养成了尊重事实、尊重经验、精益求精的作风。在学习医学的过程中，亚里士多德遇到了许多有关生命奥秘的问题，这引发了他对生物学以及整个自然的强烈兴趣。

公元前367年，17岁的亚里士多德

来到雅典，就读于柏拉图开办的学院，钻研各种知识达20年。尽管亚里士多德生于富贵之家，但他一直是一个勤奋执著的人。在柏拉图学院的学习中，枯燥乏味的纯学术理论使心烦的听众一个个溜之大吉，但只有亚里士多德留了下来，理智地汲取着柏拉图思想的光华。

亚里士多德正在为年轻的亚历山大授课

因为亚里士多德勤奋、刻苦而又聪慧，所以深得柏拉图的赏识，逐渐成为同学之中的佼佼者。在柏拉图的影响下，亚里士多德又对哲学推理产生了兴趣。虽然他对柏拉图极其尊敬，但却在学术上保持着自己的独立，创立了与柏拉图根本不同的哲学体系，并因此留下了"吾爱吾师，吾更爱真理"的千古名言。

柏拉图去世后，亚里士多德于公元前343年回到马其顿，受聘担任王子亚历山大的老师，为期3年。这位当时年仅13岁的王子，便是后来著名的亚历山大大帝。在这3年间，亚里士多德一直坚持读大量的书，观察动物和人的活动行为，笔耕不辍。

公元前335年，亚历山大登上王位之后，亚里士多德回到雅典，在吕克昂开设了自己的学校，并招收了一大批学生。他在雅典住了12年，那时正是亚历山大进行军事扩张的时期，亚历山大曾给老师提供了大量的资金援助，以便他进行学术研究，这也许是有史以来第一次科学家接受国家资助从事学术研究，但也是几个世纪中的最后一次。在这里，亚里士多德把一些研究领域交给学生去做，然后把自己和学生的发现汇集起来，使学术产量以前所未有的速度增长。

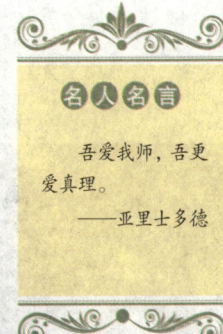

名人名言

吾爱我师，吾更爱真理。
——亚里士多德

公元前323年，亚历山大去世，反马其顿者占据了雅典，由于亚里士多德是亚历山大的老师，所以被人以"不信神"的罪名起诉。回想起76年前苏格拉底的命运，亚里士多德逃离了雅典。公元前322年，亚里士多德在流亡中去世，享年62岁。1 600年后，亚里士多德的作品被重新发掘，成为复兴运动的火种。

孟子
儒学亚圣

孟子是我国战国时期伟大的思想家,他是继孔子之后儒家学派最重要的代表人物。孟子的思想对后世产生了极大的影响,其儒学著作《孟子》被奉为儒家经典,孟子本人也被尊为"亚圣",地位仅次于孔子。

孟子读书图

战国时代,在孔子故乡鲁国的近邻,有一个小国叫邹国(今山东省邹县一带)。相传孟子就出生在这里,即现在邹县城北马鞍山旁边的凫村。

孟子,名轲,大约出生于公元前372年。据说,孟子的母亲知书达理,对儿子教导有方。据《烈女传·母仪》讲,由于孟子的家附近有坟地,孟子小时候便常模仿人们玩一些掩埋死人的游戏,母亲害怕儿子因此受到不良影响,会败坏品德,便把家搬到了庙户营村。但由于这儿商贩络绎不绝、热闹非凡,孟子又常学着叫卖货物,因此他母亲觉得这里也不是理想的住处,于是便再一次把家搬走,迁到了邹国城南门外一所私塾附近。当时孔子的学生孔汲(即子思)正好在这所私塾里讲学,孟子受孔子弟子的影响,跟着这些大人学会了一些诗书礼仪,还学会了文雅恭敬的举止。这就是"孟母三迁"的故事。

然而,没过多长时间,孟子贪玩的习性又发作了。一次,孟子只读了一半书,就忍不住跑到外面去玩,他母亲看到了非常生

《孟子》是一部记载孟子及其学生言行的书。孟子去世后,经韩愈、王安石、朱熹等人的推广和宣传,这部著作广为流传,对后世产生重大影响。

气,放下手中正在织着的布,拿起剪刀当着儿子的面剪断了正在织着的布。孟子从没有见母亲生过这么大的气,忙问母亲原因。母亲看着孟子,语重心长地说:"布是一条线一条线织起来的,学问也是点点滴滴积累起来的。像你这样读书,跟这割断的布有什么区别?照这样下去,是不会成为有用之材的。"

母亲的话使孟子深受触动,他决定从此发奋努力,不再辜负母亲对自己的期望。经过几年苦读后,孟子很快精通了《诗》《书》《春秋》等儒家经典著作,他的学问也因此大为长进。到了二十多岁,孟子已经开始授徒讲学了。后来,孟子成为孔子儒学最重要的继承人,被后世尊称为"亚圣"。

孟子的主要思想尽述于《孟子》中。《孟子》一书的基调是理想主义和乐观主义。孟子认为人性生来都是善的,每个人都有天生的"良知"和"良能",但他也重视环境和教育对人的影响。孟子还强调进行道德修养,即"修身",目的是为了保持"善"的本性。主张"舍生而取义",这个"义"就是"修身"。要"修身",则要"寡欲",培养"浩然之气"。从这些主张可以看出孟子学说和思想的进取精神,他强调人要有伟大的志向和高贵的气节,还强调了人的主观精神的重要性。

和儒学前辈们一样,孟子除了讲学,大部分时间也是和弟子们周游列国,积极宣传他的政治理想。为了向各国君主建议施行仁政,孟子先后游历了齐、滕、魏、宋、鲁等许多国家,为许多统治者提供了治国良策,还在一段时间内为齐宣王做过客卿。但由于当时正值齐、楚、燕、赵、韩、魏、秦七国争霸,诸侯国之间连年发动战争,热衷于争夺土地和人口,所以孟子反对诸侯国之间兼并战争,"仁政"思想并没有得到各诸侯王的重视,反而被认为是迂腐的思想。

由于理想无法实现,因此,在公元前312年左右,六十多岁的孟子结束了周游列国的奔波生活,返回邹国。晚年,他和弟子们一起,用余年的精力整理自己的思想,终于完成了代表他思想的《孟子》一书。公元前289年左右,孟子去世,然而他的学说却在占世界人口1/5的中国广为流传。

孟母断机教子图,描绘孟母断机的情景。孟母侧身立于织机旁,手中执刀,回首教训儿子,孟轲躬身揖立于母亲面前,神色惊惶,虽未脱玩童天真稚气,却对母亲相当恭顺。

名人名言

天时不如地利,地利不如人和。
——孟子

庄子
道家学派的代表人

"真正的生活是自然而然的，因此不需要去教导什么，规定什么，而是要去掉什么，忘掉什么……"庄子如是说。他是一位非常廉洁、正直，而又相当有棱角和锋芒的人，他给予了我国历代的思想家和文学家以巨大的影响。

《庄子》（清光绪刊本）书影

庄子，名周，字子休，后人称之为"南华真人"。他是我国古代著名的思想家、哲学家、文学家，也是道家学派的代表人物，老子思想的继承和发展者，后人将他与老子并称为"老庄"，他们的哲学为"老庄哲学"。

庄子生活在战国时期，他是一个愤世嫉俗的人，除做过漆园吏以外，没有做过其他官。据史书记载，楚威王曾派人邀请庄周管理楚国政事，但是庄子以"宁为泥里嬉戏的龟而不为庙堂之龟"为由，拒绝了楚威王的邀请。他一生淡泊名利，主张修身养性，清静无为，一直过着深居简出的隐居生活。

庄子在中国哲学史上既是一位有着鲜明特色的伟大哲学家，又富于诗人的气质。在他的著作中，用生动形象而幽默诡异的寓言故事来阐述自己的思想，这种寓言的方式使庄子的思想和想象具有着水一般的整体性。

庄子一生著书颇多，他和门人以及后学者著有《庄子》一书，是道家经典之一，在哲学、文学上都有较高研究价值。《庄子》共33篇，分"内篇""外篇""杂篇"三个部分，一般认为"内篇"的7篇文字肯定是庄子所写的，"外篇"15篇一般认为是庄子的弟子们所写的，或者说是庄子与他的弟子一起合作写成的，它反映的是庄子真实的思想；"杂篇"11篇的情形就要复杂些，应当是庄子学派或者后来的学者所写的。其中的名篇有《逍遥游》《齐物论》《养生主》等，《养生主》中的"庖丁解牛"尤为后世传诵。

约公元前286年，庄子逝世。他对后世的影响深远，在思想、文学风格、文章体制、写作技巧上受其影响的文人墨客很多，我们熟悉的有阮籍、陶渊明、李白、苏轼、辛弃疾、曹雪芹等。

亚历山大大帝
年轻的军事家

亚历山大大帝是古代世界一位伟大的征服者,杰出的军事统帅。他在短暂而辉煌的一生中建立起了一个前所未有的庞大帝国。他是个天才的军事家,在10年的征战中,从未输掉过任何一次主要的战斗。他的远征对人类社会的发展也产生了相当大的影响。

公元前356年7月,亚历山大出生在马其顿王国的首都佩拉市,父亲是年轻有为的马其顿王腓力二世。由于父亲的地位,少年时代的亚历山大就受过良好的希腊文化教育。他13岁时,父亲曾聘请古希腊的著名学者、当时最有学问的哲人亚里士多德担任过他3年的家庭教师。亚历山大十分喜爱希腊文学中的经典著作,尤其爱读《荷马史诗》,崇尚书中的英雄人物,因此时常研读学习,就是外出征战时他也不忘随身携带。

腓力二世很注重培养亚历山大的政治和军事才干。亚历山大从少年时代起就随着父亲南征北战,小小年纪便积累了不少作战经验。

公元前340年,腓力二世出战拜占庭城邦(古希腊移民城邦),16岁的亚历山大毛遂自荐,不但代父统治马其顿,并率领部队镇压马其顿北部的起义,建立了城市。公元前338年,18岁的亚历山大在切罗尼埃战役中指挥马其顿军队作战,消灭了底比斯城邦的精锐部队。同年,

少年时期的亚历山大,骑在马上神采飞扬。

腓力二世成立了科林斯同盟，巩固在马其顿领导下希腊城邦之间的和平。这些辉煌的战果，初步显示了军事才能。

公元前336年，46岁的腓力二世在女儿的婚宴上被刺身亡，年仅20岁的亚历山大登上王位。他继承父志，以建立一个统一强大的大帝国为己任。腓力二世被刺之后，马其顿王国内外的环境十分复杂：宫廷骚乱、北方各部落暴动，还有此起彼伏的起义。然而，亚历山大以无与伦比的果敢，迅速平息了因腓力二世的逝世而在马其顿及希腊许多地区掀起的反抗和叛乱。紧接着，他就踏上了征服世界的历程，先把注意力转向了波斯。

公元前334年春，亚历山大发动了对波斯帝国的侵略战争，尽管他的部队与波斯军队在数量上相差悬殊，但是亚历山大依靠灵活机动的战略战术，仍然取得了一个又一个的胜利。从马其顿到北非，再到西亚，进军虽然非常艰难，然而亚历山大还是取得了每一次战斗的胜利，从未被任何劲旅征服过。

亚历山大是极少的集智慧和勇敢于一身的人，强大的信念和坚不可摧的毅力也是他取得胜利的重要因素。在他包围推罗（今黎巴嫩的苏尔）期间，波斯国王写了一封信向他求和，答应让出一半帝国给他。他的一位副将帕米诺认为这项建议很合适，说："如果我是亚历山大，我会接受这项建议。"但亚历山大的回答是："如果我是帕米诺，我也会接受这项建议的。"

攻克推罗之后，亚历山大已经征服了整个波斯帝国，本可以返回家园，重新筹划他的新领土。然而，他征服的欲望

名人名言

山不走到我这里来，我就到它那里去。

——亚历山大

高加美拉战役取得胜利后，亚历山大率军进入巴比伦。

并没有得到满足,而是继续南进。经过两个月的围攻,一箭未发,埃及就自动投降。公元前324年初,将近10年的亚历山大远征结束。

亚历山大比他同时代许多企图征服世界的野心家有更高远的眼光和胸怀,他能以平等的态度对待本国人民和被征服地的人民,他一度希望建立一个由东西方共同统治的多民族融合的共和国,并为此做了一些有成效的努力。

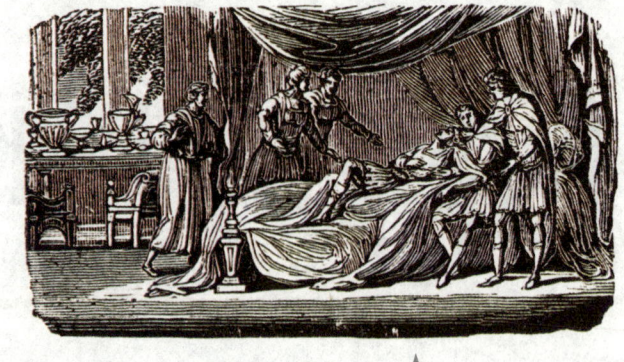

即将离世的亚历山大大帝

在远征过程中,亚历山大在被征服地区建立了数十座城市,其中最著名的就是埃及亚历山大港,它很快成为世界著名的学术和文化中心。这一切,在一定程度上促进了东西方经济文化的交流和生产的发展。在亚历山大征服后的几百年间,东方思想传入了希腊世界,这种具有希腊特征但也带有东方色彩的希腊文化,最终对罗马乃至世界都产生了重大的影响。

在巴比伦,亚历山大还在积极准备再次远征,然而,不幸的是,一场恶疾使他的生命之车戛然而止,他的伟大抱负也永远地成为倒映水中的月亮,可见而不可及,留给后人无限遐思。公元前323年6月,亚历山大因发热病而去世,时年不满33岁。

亚历山大死后,并没有留下帝位的合法继承者。传说,他的朋友在他临死前要求他指定一位继承人时,他含糊地说:"让最强者继承。"于是,他死后,他的将领们企图瓜分这个帝国,一些年轻军官对这种安排非常不满,继而发动了一连串的战争。在这场争夺斗争中,亚历山大的母亲、妻子和孩子都被杀。最终,亚历山大建立的庞大帝国分崩离析,成为几个独立的王国。

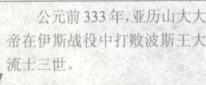

公元前333年,亚历山大大帝在伊斯战役中打败波斯王大流士三世。

阿基米德
数学之神

阿基米德是科学界中一颗璀璨的巨星，他在诸多领域作出过杰出贡献，曾荣获"数学之神""力学之父""流体力学创始人"等美誉。阿基米德这个辉煌的名字，已经深深刻在了世人的心中。

阿基米德是古希腊与欧几里得、阿波罗尼奥斯并称的三大数学家之一。他进一步发展了穷竭法，并运用穷竭法求出了π的值，进行了球面积和体积的计算。他还独创了一套记大数的方法。阿基米德同时又是卓越的物理学家，提出了杠杆原理和浮力定律。此外，他还是一位了不起的发明家，主要发明有：螺纹式绞水机、抛石机和滑轮组起重机等。

公元前287年，阿基米德出生在希腊殖民城市西西里岛的叙拉古，他的父亲菲迪阿斯是位天文学家。父亲严谨的治学态度深深地熏染了年幼的阿基米德，据说，他从小就善于思考，热爱学习。公元前276年，11岁的阿基米德孤身一人离开家乡，前往埃及托勒密王朝的首都亚历山大港。亚历山大港位于尼罗河的出海口，是古代世界的学术中心。在这里，具有深远眼光的统治者们为学者们提供了优厚的待遇和研究条件，使科学家们能在这里专心从事研究和创造。

初到亚历山大港的阿基米德投身于柯农门下，开始系统地学习数学、天文学、物理学和哲学。柯农是欧几里得的弟子，在他的精心教授下，阿基米德很快便在数学、力学等方面表现出了非凡的才能。几年之后，当阿基米德重归故里时，他

阿基米德深邃的眼神中充满智慧的光芒

已经成为希腊科学领域群星中的一员了。

阿基米德的才华首先在数学领域得到了充分的展示。他在这方面的贡献主要是关于球面积和体积的计算，即发展与加深了前辈欧多克斯发明的穷竭法。

有趣的是，阿基米德的每一项重要科学成就都有一个生动的传说，最为人们熟知的是有关浮力定律的发现经过。叙拉古国王怀疑金匠为他打造的王冠不是纯金的，请阿基米德在不破坏王冠的前提下完成这一鉴定工作，这让阿基米德伤透了脑筋。一天，他在仆人的侍候下进入澡盆洗澡，澡盆里的水随着他身体的下浸溢了出来，看着这些溢出来的水，阿基米德顿时灵感大发。他一下子想到，溢出的水的体积正好应该等于他自身的体积。如果把王冠浸在水中，根据水面上升的情况，就可以知道王冠的体积，然后再拿与王冠同等重量的金子放在水里浸一下，就可以知道它的体积是否与王冠相同了。想到这里，阿基米德激动万分，一下子从浴盆里跳起来，光着身子跑了出去，他边跑边喊："尤里卡（希腊语：发现了）！尤里卡！"现在，世界最著名的发明博览会以"尤里卡"命名，正是为了纪念阿基米德。

阿基米德一生走过了 75 个春秋，他的去世更具有传奇色彩。敌人在对叙拉古围困了整整两年之后，终于占领了这座城市。敌方首领十分钦佩阿基米德的才华，所以下令任何人也不准伤害这位伟大的科学家。可是这项命令依然没能挽救阿基米德的命运，这位老科学家在敌兵面前，依然全神贯注地研究一道深奥的数学题。最终，他的这一行为激怒了一位鲁莽的罗马士兵，他拔出剑刺死了这位古希腊最优秀的科学精英。

阿基米德死后，被葬在他长久生活的西西里岛上。为了纪念他，人们在他的墓碑上刻上了圆球和外切圆柱体的标记，以示他对科学的贡献。

众所周知，浮力定律是阿基米德在洗澡时发现的。这一发现虽然看似偶然，但事实上是他知识积累的体现。

名人名言

给我一个支点，我就可以撬起整个地球！
——阿基米德

阿基米德发明的螺纹式绞水机

秦始皇
中国历史上第一位皇帝

秦始皇是中国历史上的第一位皇帝,他结束了春秋战国500年间诸侯争霸、列国纷争的混乱局面,以武力统一了中国。然而,这位"千古一帝"自古以来,一直是个备受争议的人物,他的功与过都值得人们深思。

秦始皇是一个具有传奇色彩的人物,也是一位我们比较熟悉的古代帝王。秦始皇,名嬴政,是秦庄襄王的儿子。庄襄王子楚在赵国做人质时,娶了巨商吕不韦的姬妾,这位姬妾于公元前259年1月在赵国首都邯郸生下一子,因在赵国,又在正月出生,所以为孩子取名赵正,后改为赵政。回国后,孩子才改为国姓"嬴"。

公元前250年10月,秦孝文王去世,子楚继承了王位,是为庄襄王,任用吕不韦为相国,封为文信侯。公元前247年,庄襄王去世,13岁的太子嬴政继位,因年少,便由相国吕不韦和太后的宠臣嫪毐代理朝政。公元前238年,21岁的秦王嬴政加冠亲政。这时嫪毐乘机发动叛乱,被他派兵镇压。次年,秦王免去吕不韦相国的职位,集军政大权于一身,随即任用李斯、尉缭、王翦等人,为进行统一战争做准备。

从公元前230年到公元前221年,秦军先后灭掉了割据称雄的其他六个诸侯国,统一了全国,建立了秦王朝,嬴政自称"始皇帝",并开始实施一系列重大的变革。秦始皇独揽全国政治、

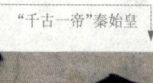

"千古一帝"秦始皇

经济、军事大权。废除分封制，推行郡县制；把全国分为36郡，郡下设县；每郡设有郡守、丞尉、监御史；任命李斯为丞相，中央和地方的官员都由

秦始皇的陵墓是中国第一个规模较大、较完善的帝王陵墓。气势磅礴的兵马俑是该陵墓重要的组成部分。

皇帝直接任免，概不世袭。经济方面，秦始皇还统一了法律制度、度量衡标准、货币、文字及车辆、道路的大小宽度。另外，还下令修筑驰道、直道，以改进和加强全国的陆路交通。派兵北击匈奴，夺取河套地区，并凭借地形修筑长城。这些措施，对于巩固和加强国家的统一，对促进各民族地区的经济文化发展，都起到了积极的作用。

为了加强统治，秦始皇于公元前213年根据李斯的建议，下令烧掉了除秦国史书以外的史书和除医药、占卜、种植以外的书籍。公元前212年，因侯生、卢生在一起议论、讥讽秦始皇，导致460余人被秦始皇亲自判处死罪，全部活埋于咸阳。这就是有名的"焚书坑儒"事件。

从公元前220年到公元前210年，秦始皇曾5次出巡。在第二次巡游时，他曾派徐福带领数千童男童女乘船到海上，寻求长生不老药，结果无功而返。世事无常，在第5次巡游时，秦始皇病死于沙丘平台（今河北平乡东北），时年49岁。

作为"千古一帝"的秦始皇，他所开创的统一的封建专制王朝，结束了从春秋到战国500多年诸侯割据、天下纷争的混乱局面，奠定了中国现有疆域的基本部分和其后2 000年封建政治制度的基础，为中国的统一作出了很大的贡献，可谓功不可没。但是，秦始皇在位期间，连年征战，大兴土木，征调70多万人修建阿房宫、骊山陵墓，使人民的生活痛苦不堪。秦始皇试图凭借愚民政策、严刑酷法来统治人民，结果却导致了王朝的迅速败亡。

恺撒
罗马帝国的奠基人

恺撒是罗马帝国的首要奠基人、伟大的改革家、杰出的军事统帅。他的成功和影响力使得"恺撒"这个名字成为权力与威望的象征,被历来众多的帝王定为自己的头衔。他的影响力跨越了时空,在人类历史上永远熠熠生辉。

盖尤斯·尤利乌斯·恺撒是古罗马杰出的政治家和军事家,他对罗马的奴隶制共和政体进行改革,成为实质上的军事独裁者,为其侄孙奥古斯都·恺撒后来建立罗马帝国铺平了道路。他征服了高卢地区,在那里推行罗马文化,同时又确保了罗马北部长久的安定。恺撒还是优秀的演说家和作家,其雄辩的口才影响了无数人,他描述自己征战经历的《高卢战记》一直被视为第一流的文学作品。

公元前100年7月13日,恺撒出生在罗马一个古老而地位显赫的贵族之家,从小就受到良好的教育。恺撒的父亲曾担任过罗马大法官,在恺撒15岁时去世。青年时期,恺撒离开罗马旅居罗德岛,师从著名的雄辩术教师阿波洛尼奥,学习修辞学和演说术,为日后从政奠定了良好的基础。

恺撒从青年时代开始就积极参与政治活动,结识了形形色色的政界人物,渐渐在政治上崛起。他起初先后担任过财政官、市政官、祭司长等职务。公元前62年,他当选为大法官,因为他热心公益,又慷慨好施,所以

观看格斗比赛是恺撒的乐趣所在。图为竞技场里的角斗士们在向凯撒致敬。

在人民中获得较高的威望。第二年他出任西班牙总督。公元前60年，恺撒返回罗马，以雄辩的口才、改革派的形象、慷慨的气度参加下一年度的执政官选举。这年夏天，罗马三位最具影响的政治家恺撒、庞培和克拉苏之间达成相互支持、共同对抗元老院和罗马贵族的秘密协议，史称"前三头同盟"。在两位同盟的支持下，公元前59年，恺撒当选为罗马执政官，这是当时权力与荣誉的顶峰。

◁恺撒攻占罗马后，庞培的大臣跪在地上向他行礼，请求饶恕。

公元前58年，恺撒在卸任执政官后，出任高卢总督。当时，高卢正处在动乱之中，恺撒用分化瓦解和武力征服相结合的方法，于公元前58年占领了高卢中部，到公元前56年年底已经基本吞并了整个高卢地区，将罗马的版图扩展到莱茵河以西地区。

恺撒的成功，引起了克拉苏和庞培的极度不安，庞培便想方设法地打击恺撒。公元前49年1月1日的元老会议上，敌视恺撒的势力在庞培的支持下占了上风，决定要恺撒立即卸任，并且指定了接替他的人。恺撒的亲信化装成奴隶逃到恺撒所在的山南高卢，向恺撒报告了情况。元老院宣布处于紧急状态，并且授权庞培在意大利招募军队。

同年1月10日，恺撒率大军攻占罗马，庞培出逃。公元前48年，恺撒彻底击败庞培，巩固了自己在罗马的统治。随后，恺撒又转战埃及、小亚细亚、非洲等地，扫平了庞培的势力，结束了罗马内战。

公元前45年10月，恺撒凯旋罗马，受到空前隆重的欢迎。他被推举为终身独裁官，集军、政、司法和宗教权力于一身，成为实质上的独裁者。但是，恺撒的独裁引起了部分固守共和传统的元老贵族的严重不满。公元前44年3月15日，以布鲁图斯和卡西乌斯为首的密谋者在元老院刺杀了56岁的恺撒。

恺撒在世时被尊为"祖国之父"，死后，他的名字成为威严与权力的象征。恺撒使得罗马有了一个更加伟大的前程，并推动了罗马的进步。他的战绩与功勋，使他在西方历史上拥有无上的光荣，能与他比肩的人寥寥无几。

欧几里得
欧氏几何的创始人

欧几里得是人类科学思想史上的一盏指路明灯,他第一次使数学理论系统化,并使几何学逐渐成为一门独立发展的正式学科体系。数学史上的光辉著作《几何原本》是欧几里得的传世之作。

欧几里得是希腊杰出的数学家,希腊亚历山大派的创始人。关于他的生卒年月和出生地现在已经无法考证了。据雅典柏拉图学院晚期的导师普罗克洛斯在他的《几何学发展概要》一书中介绍,欧几里得是托勒密一世(约公元前367~前282年)时代的人,早年求学于雅典的柏拉图学院,深受柏拉图的影响。

约公元前300年,欧几里得应托勒密王的邀请,来到埃及都城亚历山大的缪塞昂学院进行研究并讲学。在缪塞昂学院,他曾用最简单的方法,将人们认为似乎不可能做到的事变成了现实。

下图为欧几里得向学生演示几何证明。欧几里得不仅是一位学识渊博的数学家,而且还是一位有"温和和仁慈的蔼然长者"之称的教育家。

柏拉图学院是雅典著名的哲学家柏拉图开设的,他学识渊博,尤其在哲学方面有很高的建树。柏拉图认为要学好哲学,必须先学习数学,因为数学是通向理念世界的准备工具。因此,柏拉图学院门口还挂着一块木牌,上面写着:"不懂数学者,不得入内!"正因如此,数学研究在他的学院里得到了空前的发展,同时也培养出了亚里士多德等许多著名的学者。

欧几里得在柏拉图学院学习时,

曾拜亚里士多德为师。亚里士多德是希腊历史上最伟大的思想家、哲学家和科学家，他将自己的才华都无私地奉献给了这位聪明的学生，欧几里得也因此受到了良好的教育。

在欧几里得当时生活的时代，古希腊的科学文化已经比较发达，由于当时人们的生活和生产条件的发展所需要，再加上柏拉图学院的良好学习气氛，几何学已经逐渐发展起来了。但是这些内容大多支离破碎，彼此不相联系，所以在实践中发挥不了太大的作用。后来，欧几里得逐渐认识到了这一点，便萌发了将这些既有的几何知识组织在一个完整的演绎体系中的想法。

他首先确定了最基本的几条不证自明的命题作为演绎系统的出发点，然后再从这些最基本的命题出发，用逻辑推理的方法论证以后的命题。这就是亚里士多德的逻辑推理思维。

图为欧几里得在亚历山大港的学校向埃及国王托勒密一世献上《几何原本》

确定公设和公理是欧几里得的独创，也是他对几何学的一个伟大贡献，其中最著名的是平行公设。把公设和公理选定之后，接下来的工作是将剩下的几何命题作为定理从公理和公设中推断出来。欧几里得非常成功地做到了这一点。他将几何独立的知识组成了一个有机整体，用定义和公理成功地来研究图形的性质。

几年之后，欧几里得的鸿篇巨著《几何原本》终于问世了，它就像一颗重磅炸弹在西欧爆炸开来。这本划时代的著作分13卷，共有467条定理。它把当时的自然科学推到了时代的顶峰，为后人提供了一个严密的逻辑理论体系。因此，该书的问世对所有伟大的思想家都有一股强大的魔力。同时，这部传世之作又孕育出一个全新的研究领域——欧几里得几何学，简称"欧氏几何学"。

1607年，我国明代杰出的科学家徐光启和意大利传教士利玛窦合译了《几何原本》一书，才将"几何"传入了中国。

由于欧几里得对几何学的杰出贡献，以至于他的名字都成了"几何"的代名词，他当之无愧地被人们称为"几何学之父"。

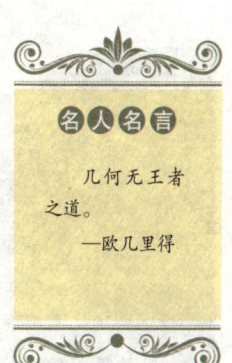

名人名言

几何无王者之道。
——欧几里得

蔡伦
造纸术的发明者

蔡伦，是一个被世人熟知的名字。造纸术的发明是中国人民对世界所作的一项杰出贡献，而蔡伦在这一发明过程中发挥了不可替代的作用。"蔡侯纸"的发明与广泛使用，不仅使中国文化与科学技术发生了划时代的变革，而且推动了整个人类文明的进程。

随着造纸术传播到世界各地，蔡伦的名字也随之远扬。在日本有蔡伦宫，法国有蔡伦博物馆，在美国的造纸博物馆内也陈列着蔡伦的画像……如今，各种历史著述，凡涉及中国发明的造纸术，无一不写到蔡伦，他以伟大的发明而与造纸事业共存。

蔡伦是中国造纸术的改进者，约公元63年生于东汉桂阳郡（今湖南耒阳市）。他的少年时代极其不幸，13岁时就被迫入宫当了宦官，在生理和心理上都遭到了非人的摧残。最初，蔡伦在宫中侍奉太子刘炟的宠妾窦勋。不久，刘炟即位当了皇帝，窦勋也逐渐由贵人升为皇后。蔡伦跟着被授职小黄门，做了宦官中的头目。窦皇后生性毒辣，为人专横跋扈，因自己没有生育，她便强行将梁贵人的皇子刘肇收为自己的儿子，并设计废掉了当时的太子刘庆，封年幼的刘肇为皇太子，蔡伦则负责照料太子的学习和生活。这期间，他与刘肇结下了深厚的友谊。

公元88年，刘炟早逝，年仅10岁的刘肇当了皇帝。窦氏以太后身份垂帘听政，其哥哥窦宪依仗妹妹的势力凌驾于皇帝和百官之上。此时，蔡伦已升为中

蔡伦墓

常侍，与州刺史同级，已有资格参与国家大事。公元92年，刘肇14岁，他不甘心受人摆布，便与蔡伦、郑重等人设计逼杀窦宪，夺回了大权。事成之后，蔡伦因功受封，职位升至尚方令，主管宫廷器物制造及训练工匠。据史料记载，蔡伦为人机敏多才艺，爱好发明，经常动手改制各种器械、刀剑和生活用品。他正是在任尚方令期间，完成了造纸术的发明。

东汉时期繁忙的造纸场面

蔡伦利用作为尚方令可以进行大规模实验的有利条件，广泛总结劳动人民的造纸经验，改进造纸工艺，利用废旧易得的原材料，经一系列复杂的工序，制造出轻便廉价的"蔡侯纸"。公元105年，蔡伦将自己的成果上报朝廷后，受到皇帝的赞赏，并下令在全国推广。此后，"蔡侯纸"这种新的书写工具渐渐替代了竹简和帛。

随着纸张的大量生产，社会文化得到进一步发展。公元114年，朝廷因蔡伦造纸有功，封他为龙亭侯，封地在今陕西省洋县的龙亭铺。蔡伦还曾以长乐太仆的身份主持东观宫（国家图书馆）的文献整理。

公元121年，蔡伦受一系列宫廷斗争的株连，被革职受审。耿直的蔡伦认为这是奇耻大辱，于是在沐浴更衣后服毒自尽。

蔡伦虽然死了，但倾注了他半生精力的造纸术却没有随着他的离去而消失，人们看到纸自然就会想起含冤而死的蔡伦。公元151年，即蔡伦死后的第30年，汉桓帝刘志为蔡伦平反，同时，史官们也纷纷为这位伟大的发明家立传。人们对于蔡伦的怀念非常真诚，蔡伦的故乡耒阳及封地龙亭铺，由于人们的祭奉，而成了蔡伦永久性的纪念地。造纸工匠们更是以蔡伦为祖师爷，年年香火祭祀，祈求事业兴隆。

公元7世纪，中国的造纸术开始传播到朝鲜、日本，随后又向阿拉伯和欧洲传播，让世界告别了无纸年代。蔡伦这个名字也被永载史册。

唐太宗
一代明君

唐太宗不仅是一位具有雄才大略的军事家、政治家,而且还是一位颇有造诣的文学家和书法家。作为开创伟大治世的一代明君,李世民受到历代帝王将相和百姓的推崇与赞美,是中国封建王朝一位杰出的代表。

唐太宗即李世民,太宗是他死后的庙号,其谥号为"文皇帝"。李世民是唐王朝的第二代国君。他协助其父李渊在隋末农民起义中举兵反隋,建立唐朝。之后,他又致力于消除地方割据势力,统一全国的战争,表现出了杰出的军事才能。李世民即位后,吸取隋亡的教训,居安思危,任用贤良,虚怀纳谏,实行轻徭薄赋、疏缓刑罚的改革,并进行了一系列政治、军事改革,使社会安定、生产发展,造就了中国封建时代最著名的"贞观之治"的盛世景象。

李世民于公元598年出生在武功(今陕西省武功县西北),4岁时曾有相面先生预言说,他将来必能济世安民,因此取名世民。16岁时,他与13岁的长孙氏结婚,也就是后来贤明的长孙皇后。李世民自小习武,胆识、谋略过人,少年时期就表现出不同寻常的军事才华。

公元617年,李渊被任为晋阳(今山西太原)留守,李世民随父来到晋阳。这时隋政已衰,天下大乱,李渊父子广交英雄豪杰,准备举兵反隋,夺取天下。公元618年3月,隋炀帝杨广被杀,5月,李渊登基,建立唐朝,是为唐高祖。唐朝建立后,李世民被封为尚书令、右武侯大将军,后又晋封秦王。公元620年,李世民率兵挺进中原,以破竹之势,

唐太宗画像

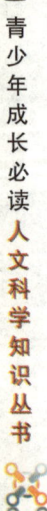

青少年成长必读人文科学知识丛书

相继收复了河南的多数郡县，将隋朝的残余势力围困在洛阳孤城之中。接着，他又果断地采取围城打援的作战策略，生擒了窦建德，迫使王世充投降。至此，平定叛乱的战争以唐军队的彻底胜利告终，全国重新得到统一。

《步辇图》所描绘的是唐太宗接见吐蕃使者禄东赞的情景

虽然中国封建王朝在皇位继承上历来实行嫡长子继承制，但是李世民在统一全国的战争中所表现出来的才干和取得的功绩，明显高于太子李建成。同时，在战争的过程中，他又得到了一班能征善战、谋略过人的部下，如尉迟敬德、李靖、房玄龄等人，这便大大加强了他与太子李建成争夺帝位的能力。太子建成对来自李世民的威胁也心知肚明，便联合齐王李元吉加强自己的势力，与李世民展开了激烈而残酷的争夺皇位继承权的斗争。

公元626年6月4日，李世民率秦府幕僚长孙无忌、尉迟敬德等人，在玄武门内杀死了太子李建成和齐王李元吉，制造了著名的"玄武门之变"。两天之后，唐高祖下诏将李世民立为太子。8月，李世民登上帝位。第二年年初，唐太宗改元为贞观。

李世民即位后，表现出坦荡达观的胸襟，以不计前嫌的态度争取到原属李建成部下的一大批有才有谋的人，加上自己原来的属下，他以最短的时间巩固了帝位。君臣齐心协力，使唐朝的政治、经济、文化、外交得到空前繁荣，由此出现了历史上著名的"贞观之治"的太平景象。

公元636年，辽东战役回来之后，唐太宗不幸得了痈疽，此后一直调养，开始服用金石丹药。公元648年，他派人从天竺方士处求来所谓的"延年之药"，结果服用后病情恶化。公元649年5月，丹药毒性发作，太宗不治身亡，结束了自己辉煌的一生。

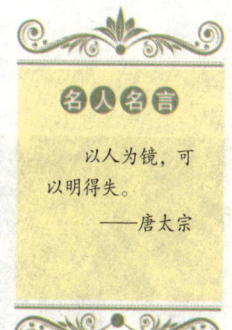

名人名言

以人为镜，可以明得失。

——唐太宗

成吉思汗
一代天骄

成吉思汗是中国古代蒙古族的首领，杰出的军事家和政治家。他凭借杰出的军事才能和灵活的外交手段，建立了横跨亚欧的大帝国。成吉思汗对世界历史产生了重要影响，成为叱咤风云的军政巨子。

成吉思汗身上有宽厚、仁慈的一面，这在团结部将，笼络人心上发挥了重要作用。同时，成吉思汗还具有顽强的意志和冷酷的性格，这是决定他征御四方，所向披靡的重要因素。

蒙古伟大的征服者成吉思汗，大约于1162年出生在蒙古乞颜部族孛儿只斤氏族世家，父亲也速该为部族首领。在他出生那年，其父与塔塔尔人作战取得胜利，并俘获了塔塔尔人的首领铁木真兀格。为了纪念这次重大的胜利，也速该为儿子取名为铁木真。9岁时，铁木真被父亲带到弘吉剌部的斡勒忽讷儿惕氏族求亲。在回来的路上，也速该被塔塔尔人毒死，其部下不愿奉铁木真母子为主，相继叛离。铁木真的母亲不得不带着铁木真靠渔猎和挖野菜草根艰难度日。铁木真13岁时，一度被叛部泰赤乌的奴隶主逮捕，负枷示众。后来他趁着黑夜机智地潜逃回家，全家即远迁不儿罕山（今肯特山）。

铁木真成年后，决心恢复父亲的功业，先后通过迎娶童年时定亲的弘吉

《成吉思汗统一漠北图》。成吉思汗于1206年建立了蒙古汗国，从而结束了漠北数百年的分裂历史。

刺部的妻子孛儿帖以及忍痛将妻子的黑貂裘赠与克列部首领王罕等办法扩充自己的力量，最终打败了敌对的塔塔尔部族，成为蒙古草原最强的势力集团。之后，铁木真又率领部下南征北战，在不到20年的时间里，征服了其他大大小小几十个部族，统一了蒙古草原，并建立了蒙古汗国，成为万民敬拜的"成吉思汗"。

在统一蒙古的战争中，有一次，铁木真的部族在围猎时与泰亦赤兀惕人相遇。对方有200多人，没有锅釜，也没有粮草。铁木真留他们在自己的营地过夜，并发给他们粮草和猎物。泰亦赤兀惕人感激不尽，都称赞铁木真是"衣人以己衣，乘人以己马"的好首领。他们回去以后，互相联络起来，自愿投奔到铁木真的麾下。

铁木真即位时的情景

统一蒙古后，成吉思汗征服的步伐并未因此终止。他先后征服了西辽、西夏等国，基本统一了中国北方，同时又发动大规模的西征，在短短20年的时间里，占领了中亚细亚直到欧洲东部和伊朗北部的广大土地，建立起横跨亚欧的大帝国。

作为一个卓越的军事家，成吉思汗所率领的蒙古骑兵虽然不多，但个个都精锐无比。蒙古军在作战时都轻装上阵，只带干粮和随身的武器，他们经常就地补充给养，所以才能来如天坠，迅如闪电。成吉思汗建立的驿站制度和日行200千米的传令兵，也使前方和后方得到了更紧密的联系。再加上成吉思汗善用谋略，指挥灵活自如和敢于使用新式武器，使蒙古大军成为战无不胜的军队。曾有国外学者说："成吉思汗可与亚历山大相比。"

1227年，成吉思汗病卒于蒙古大军围攻西夏的行营中。群臣依其遗诏秘不发丧，以免军心动摇。3日后西夏王献城，蒙古军将其活捉后杀死，西夏遂亡，为成吉思汗伟大的征服生涯画上了圆满的句号。1271年，忽必烈建立元朝后，追谥成吉思汗为元太祖。

马可·波罗

世界著名旅行家

马可·波罗是古代世界著名的旅行家,他在元世祖忽必烈统治期间来到中国,游历了17年之久,并著成了具有很高学术价值和史料价值的《马可·波罗游记》一书。马可·波罗作为将中国介绍给西方的第一人而永载史册。

马可·波罗是将中国介绍给西方的第一人。他通过游记和口述,把我国的煤、育蚕、造币、印刷术的情况介绍到了西方,还把建筑艺术和城市规划等成就向世界广为传播。在沟通中外文化、交流科学技术等方面起了巨大的促进作用。

马可·波罗于1254年出生在意大利威尼斯的一个商人世家。公元1260年,马可·波罗的父亲尼古拉·波罗和叔叔马菲·波罗从事国际贸易,由君士坦丁堡辗转来到布哈拉。在这里,他们遇到了元朝的使臣并相处融洽,使臣便劝说他们一同前往。于是,他们于1266年到达了欧洲商人从未到过的中国。忽必烈见到这两个威尼斯人非常高兴,询问了罗马教廷以及西方各国的治国、打仗和宗教上的一些问题,波罗兄弟均一一作答。忽必烈非常满意,就命人写了国书,请他们送到罗马教廷,请求教皇派一些精通工艺的人来中国授艺和传教。

1269年,波罗兄弟回到威尼斯。这时尼古拉的妻子早已离开人世多年,儿子马可·波罗也已经长成了一个15岁的英俊少年。由于原来的

《马可·波罗游记》法文手抄本插图。图中描绘的是波罗家族三人向忽必烈呈交教皇书信和耶稣圣墓中的灯油的情景。

教皇已去世，新教皇尚未选出，波罗兄弟无法执行忽必烈大汗的使命，只得暂留家中等待罗马教廷的消息。在这期间，他们向马可·波罗讲述了大量在中国的见闻，这引起了马可·波罗的浓烈兴趣。两年后，当新教皇格里高利十世将回信和礼物交到波罗兄弟手中，命令他们去中国向忽必烈大汗复命的时候，年轻的马可·波罗便随他们一同前往了。

波罗三人的中国一行历尽了艰辛，历时三年半后，终于在1275年抵达中国。元世祖忽必烈召集文武百官盛会欢迎，并将马可·波罗留在宫中任职。马可·波罗聪明能干，深得元世祖的赏识和器重。

马可·波罗的商队浩浩荡荡地驶离威尼斯

波罗三人在元朝生活了10多年，思乡之情日益迫切。1286年，伊儿汗国的阿鲁浑汗派使臣到元室来求婚，忽必烈选出卜鲁罕家族的少女阔阔真为元室公主，准备远嫁阿鲁浑汗。这时，马可·波罗刚好从东南亚一带出使回来，伊儿汗国的使臣见马可·波罗精通地理，熟悉航海，便与波罗三人商量从水路返回。波罗三人当然求之不得，便奏请元世祖批准，元世祖虽面有难色，也只好答应，但要求他们回意大利与家人团聚一段时间后，仍然返回中国。1294年，他们将阔阔真送到了伊儿汗国。在回意大利的途中，三人得知了忽必烈去世的消息，很是悲痛，同时打消了重返中国的念头。

1295年，他们回到了阔别24年的故乡威尼斯。1298年，威尼斯与热那亚发生了一场战争，马可·波罗受伤被俘，被投入热那亚监狱。在狱中，他的难友鲁思蒂谦是一位小说家，他精通法文，劝马可·波罗把自己在中国的所见所闻写成书。于是，由马可·波罗口述、鲁思蒂谦笔录的《马可·波罗游记》就这样诞生了。

1299年，马可·波罗获释，回到威尼斯，此后，再也没有外出远游。1324年，70岁的马可·波罗在威尼斯去世。

《马可·波罗游记》对中国文明及东方的地理状况作了详尽的描述，该书大大开阔了西方人的视野，引起人们对东方文明的普遍向往，成为文艺复兴运动的主要动力之一。

但丁

意大利民族文学的奠基人

但丁是意大利民族文学的奠基人,被恩格斯誉为"中世纪的最后一位诗人,同时又是新时代的最初一位诗人"。他的代表作《神曲》在思想性和艺术性等方面均达到了时代的先进水平,是一座划时代的里程碑。

但丁的创作反映了从中世纪向资本主义过渡时期意大利广泛而深刻的社会矛盾,他批判封建统治阶级的寡廉鲜耻,否定神权统治和教会至上,揭露教会的罪恶,同时歌颂知识与理性,肯定现实生活的价值和意义,赞美对美好爱情的追求,体现了人文主义思想的萌芽,成为文艺复兴时期即将到来的预言者。

1265年5月的一天,但丁出生在佛罗伦萨一个没落的小贵族家庭。关于他家的一些情况,留传下来的资料不多。据但丁在《神曲》里透露的一些,我们可以知道,他是古罗马人的后裔,他的曾祖父卡恰圭达是个贵族,死于十字军东征时期。他的父亲则是当地法庭的文书,这个时候,但丁的家道已经中落,与一般市民差不多了。

少年时期的但丁生活很艰苦,他把全部的精力都用在学习上,并得到了当时的著名学者布鲁奈托·拉蒂尼的精心指导,不但精通了拉丁文、诗学、修辞学和古典

但丁是现代意大利语的奠基者,同时,他也是欧洲文艺复兴时代的开拓人物之一。

文学，还在哲学、音乐和绘画等方面有所研究。他潜心攻读荷马、维吉尔、奥维德的诗卷，在知识与智慧的海洋里汲取了丰富的养料。除此之外，但丁还在修道院旁听课程，深入阅读了哲学家波依修斯的《论哲学的安慰》、阿奎那的被称为中古时期经院哲学百科全书的《神学大全》，又认真研究了亚里士多德的哲学体系。这样，但丁在中古文化的各个领域，都打下了坚实的基础，成为一个学识渊博的人。

《神曲》的伟大历史价值在于透露出了新时代的新思想——人文主义的曙光。图为《神曲》的插画。

少年时期，但丁曾热烈地爱慕过佛罗伦萨一位富人的女儿贝阿特丽采，但她后来嫁给了一个银行家，不到25岁便死了。但丁得知她的死讯后，陷入了巨大的悲痛之中，为了赞美和怀念这位自己深爱的女子，他将自己多年来写给贝阿特丽采的30首抒情诗结集出版，取名《新生》。这是意大利文坛上"温柔的新体"诗派的重要作品之一。

1289年，但丁参加了同代表封建贵族的吉伯林党的战役，1302年，由于敌党掌握了政权，但丁的全部家产被没收，并被判处终生流放。

流放初期，但丁写了三部著作。《飨宴》是意大利第一部用俗语写成的学术性论著，他打破了中世纪学术著述必须使用拉丁文的规矩。与《飨宴》几乎同时写作的是《论俗语》，这是最早的一部关于语言学诗律的著作。1309年，但丁又写成了《帝制论》一书。

名人名言

走自己的路，
让别人说去吧！
——但丁

在流放后期，但丁开始创作使他成为不朽诗人的巨著《神曲》，这部呕心沥血的著作，是但丁坎坷一生的思想和艺术探索的结晶，代表了当时欧洲文学的最高成就。《神曲》全诗分《地狱》《炼狱》《天堂》三部分，共计14 233行。《地狱》《炼狱》大约完成于1313年，《天堂》在他逝世前不久才脱稿，创作了将近10年。但丁写这部长诗的主题和立意是非常明确的，目的就是要反映苦难的现实，启迪人心，表现出人类如何由迷雾经过苦难的磨炼，再达到真和善的境地的过程。

1321年9月14日，56岁的但丁在意大利东北部拉文纳去世。一颗文学巨星就此陨落，然而他绚烂夺目的光芒却永存人世。

贞 德
法国的民族女英雄

贞德是法国历史上的民族女英雄,在英法百年战争的后期,她担负起民族解放的重任,勇敢反抗英军的侵略,建立了无数功勋。最终,为了祖国的解放事业,贞德献出了自己年轻的生命。因此,她被册封为圣女,受到历代法国人民的敬仰。

在中世纪几百年间,英法两国通过王室的联姻建立起千丝万缕的联系。14世纪时,因为王位继承权问题和争夺法国境内富庶的佛兰德尔地区,英法两国展开了激烈的斗争,终于酿成一场旷日持久的战争,从1337年一直持续到1453年,长达116年,史称"百年战争"。贞德就是从百年战争中涌现出来的民族女英雄。

1412年,贞德出生于法国东北部香槟和洛林交界处一个叫杜瑞米的村子里,父亲和母亲都是虔诚的天主教徒,对子女管教很严。受到父母虔诚信仰和正直品德的影响,贞德从小就善良、温和,性格坚强。

杜瑞米是法国的领地,与勃艮第公爵的领地相邻。当贞德还是一个孩子的时候,她的家乡就屡次遭到勃艮第人的洗劫,饱受战争的苦难。另外,国家政治衰败、人民的生活遭受着痛苦,这一切都深深地刺痛着贞德的心,并使她很快地成长起来。当时,在英军统治下的法国北部人民的抗英活动非常激烈,贞德在人民抗英救国的氛围中长大,产生了强烈的爱国主义思想,同时决心投入救国战争中去。

贞德出席在亚眠大教堂举行的查尔斯七世加冕礼

英军于 1428 年占领巴黎后，倾注全力向通往法国南部的门户——奥尔良发动进攻，妄图吞并整个法国。法国太子及宫廷面对敌人强大的攻势，惊慌失措，国家危在旦夕。在这个关键时刻，年仅 17 岁的贞德辞别亲人，离开家乡，主动向太子查理请缨，要求带兵抗击侵略者。陷于绝望的查理答应了她的请求，并赐予她军旗、战马和佩剑。

1429 年 4 月 27 日，贞德身穿铠甲，骑着雪白的战马，率领救援军 3 000 余人进军奥尔良。她女扮男装，在战场上冲锋陷阵，身先士卒，英勇冲杀。在贞德的带领下，法国士兵艰苦激战，终于击退英军，解除了奥尔良之围。这成为法国反败为胜的关键一仗，也是整个百年战争的转折点。法军因此士气高昂，乘胜追击，并连克数城。一时间，贞德的爱国精神和英雄业绩在法国广为传颂，人们把她看做法国的救世主，尊敬地称她为"奥尔良的女儿"。

贞德是法国的爱国者和殉教徒。她的生命虽然短暂，但却光芒四射。

但是，贞德的声誉和影响却引起了封建统治集团的嫉妒和不安，在抗英战争还未取得彻底胜利之时，他们便企图谋害她。1430 年，在军事重镇康边附近的一次战斗中，贞德被英国侵略者在法国的帮凶勃艮第集团俘获，并以 4 万法郎为代价卖给了英国。英国人将贞德囚禁了一年后，于 1431 年 5 月 30 日将她作为女巫烧死在卢昂的火刑柱上。那一年，贞德未满 20 岁。

贞德虽然死了，但她却永远活在法国人民的心中。1453 年，在贞德爱国主义精神的感召下，法国终于取得了百年战争的最后胜利。1920 年，梵蒂冈教廷为贞德平反，将她册封为圣女，平复了 500 年来的冤屈。为了缅怀历史上的这位女英雄，法国每年都会在兰斯举办圣女贞德节。

名人名言

自由，多少罪恶假汝之名以行。

——贞德

哥伦布
伟大的探险家

赌徒还是航海家？商人还是探险家？智慧、勇敢和信念才是哥伦布成功的秘诀。哥伦布发现新大陆是人类有史以来最惊人的地理大发现，同时也是人类挑战自我，征服世界的一次伟大胜利。

哥伦布

作为一个传奇式的探险家，哥伦布的一生有着极不寻常的经历。他一度成为人们心目中的英雄，后来却又遭到冷遇。新大陆的发现开启了到新世界探险和殖民的时代，既为日益增多的欧洲人口找到了新的安家落户之地，又为欧洲的经济发展提供了新的资源。同时，这一发现也导致了美洲印第安文明的毁灭。

哥伦布于1451年出生在意大利热那亚一个纺织工人家庭。由于家庭经济拮据，他从小就没有受过正规的教育。但哥伦布十分好学，利用闲暇时间自学了许多知识。从14岁起，哥伦布就开始随着货船在地中海上航行，并当过水手。期间，哥伦布有幸接触了许多远洋航行的书籍，尤其是《马可·波罗游记》使他对东方产生了浓厚的兴趣和强烈的好奇心，他时刻向往着东方之行，想看看富庶的中国和日本究竟是什么样子，并开始关注从托勒密那里传下来的关于地球周长的数值。他坚信如果西行去亚洲，一定可以缩短航程。

1476年，哥伦布参加了热那亚的一支护航舰队，在一次海盗袭击

即将远航的哥伦布与国王、王后道别。

中，他负伤落水游上了葡萄牙国土。从此，哥伦布便在这个国家里学习航海知识，参加远洋航行，并与在葡萄牙服务的一位著名意大利航海家的女儿结了婚，这更加深了他对航海的兴趣。

1478年，哥伦布将探索通往东方航路的建议书正式呈报给了葡萄牙国王，但未被采纳。1485年，哥伦布的妻子去世了，他心灰意冷地带着自己的独生子来到了西班牙。在那里，因为有贵族的支持，他的远航计划逐渐传到了西班牙宫廷。经过几年的周旋，他终于说服国王为他的探险航行提供了一切所需。

哥伦布登上圣萨尔瓦多时的情景

1492年8月，哥伦布终于把自己的设想变成了现实。他率领"圣玛丽亚"号等3艘船和水手87人从巴罗斯港启航，横渡大西洋，于10月抵达巴哈马群岛中的圣萨尔瓦多岛。哥伦布一直认为那里是日本附近的一个地方，却不知道它位于现在的美洲。继而又航行至古巴、海地等岛，次年返抵巴罗斯港，这是欧洲人第一次登上亚洲大陆。哥伦布虽然没有见到马可·波罗所描写的中国文明，但他坚信自己到了亚洲。

这次出行使哥伦布闻名天下，并被西班牙国王授予了海军司令和总督的头衔。1493年9月，哥伦布组织了第二次更大规模的远航，来到了北美大陆，但发现土地并不像想象的那样富饶。于是在1498年，哥伦布又作了第三次远航，到达了南美洲加勒比海沿岸各地，结果仍然大失所望。哥伦布一直认为这里是亚洲的一个海岛。

哥伦布的三次航行虽然遇到了很大挫折，但也给美洲大陆带来了巨大的影响，新大陆被发现的消息很快在欧洲广泛流传。1502年，不甘心的哥伦布又作了第四次远航，这一次到达了中美大陆，但终未找到梦寐以求的黄金和珠宝。1506年5月20日，哥伦布在贫病交加中死去，而他西行到亚洲的目标也只有留给别人去完成了。

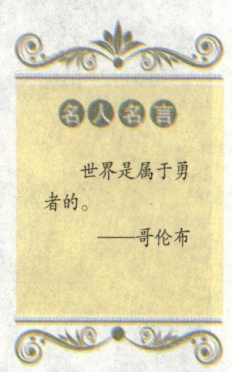

名人名言

世界是属于勇者的。
——哥伦布

达·芬奇
文艺复兴之杰

达·芬奇是欧洲文艺复兴时期杰出的艺术家、科学家,他以博学多才而著称,在绘画、力学、光学、天文学、地质学、气象学、机械设计等方面都有不少创见和发明。达·芬奇与米开朗基罗、拉斐尔并称为"文艺复兴三杰"。

"上天有时将美丽、优雅、才能赋予一人之身,令他超群绝伦,显出他的天才来自上苍而非人间之力。列昂纳多正是如此。他的优雅与优美无与伦比,他的才智之高可使一切难题迎刃而解。"这是文艺复兴时期的传记作家瓦萨里对达·芬奇的溢美之词。

列昂纳多·达·芬奇于1452年4月15日出生在佛罗伦萨附近托斯卡纳山区的芬奇镇,他是一个私生子,从小是在继母和祖父的管教下长大的。很小的时候,达·芬奇就显示出了出众的艺术才华,唱歌、绘画、吹笛子样样精通,但他最喜欢的还是绘画。18岁时,父亲把他送到著名画家、雕塑家韦罗基奥的画室学习。在韦罗基奥的严格教导下,经过9年学艺生活的磨炼,达·芬奇打下了良好的艺术创作和科学发明的基础。

1472年,20岁的达·芬奇协助老师完成了祭坛画《基督受洗》《受胎告知》等优秀作品,表现出卓越的艺术才华,使老师大为吃惊。1476年,达·芬奇离开韦罗基奥画室开始独立作画,成为一名职业画家,并于1480年建立了自己的画室,创作了《拈花圣母》《博士来拜》和《圣哲罗姆》等画作。其中,《拈花圣母》表现了人

《蒙娜丽莎》是达·芬奇的著名代表作,蒙娜丽莎的微笑已经成为永恒。

《最后的晚餐》描绘耶稣在遭罗马兵逮捕的前夕和十二门徒共进最后一餐时预言"你们其中一人将出卖我"后,门徒们显得困惑、哀伤与骚动,纷纷询问耶稣"主啊,是我吗?"的瞬间情景。

物的温和、娴静,整个画面和谐优美,而另外两幅则真实而深刻地刻画出了栩栩如生的人物形象。

1482年,达·芬奇离开佛罗伦萨来到米兰,开始了长达17年之久的生活。1484年,他又受邀为莫罗大公的祖父制作骑马的全身塑像,9年后,这座6米高的泥塑模型终于完成,并在公爵城堡广场公开展出,一时间轰动米兰。与此同时,达·芬奇还完成了两幅著名的油画作品——《岩间圣母》与《最后的晚餐》,其中,《最后的晚餐》是世界最著名的宗教画。

1499年10月,法国军队占领了米兰。同年12月,达·芬奇回到了他久别的故乡佛罗伦萨。在这里,达·芬奇利用大量时间研究人体比例构造和人的脸部构造,并完全掌握了其中的奥秘。他将人物与自然有机地结合,并能栩栩如生地表现出人物的动作和光线的明暗。他能够尽最大可能通过面部表情和人物语言来表现"灵魂的感受",并能再现人物脸部的神秘感。

《蒙娜丽莎》是达·芬奇的传世名画,创作于1503～1506年间,画面着重表现蒙娜丽莎的微笑,有很深的用意。在中世纪黑暗的岁月里,封建统治和基督教禁欲主义残酷地摧残了西欧人民近千年,人们早已失去了理想自由和幸福生活的权利。文艺复兴的到来,唤起了人们丧失已久的笑容,充满着新时代、新人物的自信和乐观,洋溢着对未来、对真善美的渴望。达·芬奇用艺术形象表明,人从禁欲主义中解放出来后,可以自由而明朗地微笑。

1513年,61岁的达·芬奇再次离开佛罗伦萨,开始了漂泊不定的生活。1519年5月2日,达·芬奇因病在法国逝世,享年67岁。

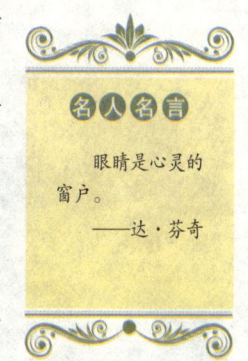

名人名言

眼睛是心灵的窗户。
——达·芬奇

影响人类历史的名人

达·伽马
东西方新航路的开辟者

达·伽马是葡萄牙著名的航海家、探险家,他开辟了东西方的新航路,使葡萄牙从一个落后而又弱小的国家变成了世界强国,并且加速了整个欧洲和全世界范围内从封建主义向资本主义的过渡。同时,也在世界航海史上写下了光辉的一页。

达·伽马是第一位从海路绕过非洲好望角抵达印度的航海家,他的远航开辟了西欧与印度之间的直达海路,他运回的珍品宝物使整个欧洲为之轰动。从此,葡萄牙便开始成为印度洋的控制者,并开始了向东方扩张的新时代。

瓦斯科·达·伽马于1460年出生在葡萄牙海滨市镇锡尼希一个破落的贵族家庭。他的父亲埃斯特沃·达·伽马是葡萄牙贵族,曾任锡尼希城堡司令官。据说,达·伽马曾在埃武拉城的某处学习过数学和航海。

1492年,为了报复法国对葡萄牙航运业的破坏,达·伽马奉国王约翰二世之命截掠法国船只,并出色地完成了这项任务,为他以后远征印度创造了条件。后来,哥伦布发现新大陆的消息激励了西班牙国王曼努埃尔一世,他开始策划前往印度的航行。最终,达·伽马被选为率领远征军的指挥官。

1497年7月8日,达·伽马

1497年,达·伽马率领舰队踏上航途。

率领着由 4 艘船只，170 多人组成的舰队从里斯本南面的雷斯特洛出发。7 月 26 日，在迪亚士的护送下，达·伽马一行到达佛得角群岛。为了躲避几内亚湾的激流，舰队远离非洲沿岸，深入南大西洋，共行驶了 393 天，于 11 月初到达好望角北部的圣赫勒拿湾。11 月 19 日，船队到达好望角，在遭受了三天三夜暴风雨的袭击后，终于在 11 月 22 日绕过好望角，又开始沿非洲东海岸向北航行。

1498 年 5 月 20 日，达·伽马的舰队战胜重重困难，终于抵达印度南部最大的商港卡利卡特。然而，葡萄牙人在东非沿海粗暴的行为使卡利卡特人非常厌恶，同时，长期垄断这里经济贸易的阿拉伯人更把这群危险的竞争者视为"异端"。于是，这年 8 月 29 日，达·伽马被迫率领舰队离开卡利卡特开始返航。1499 年 1 月 8 日，达·伽马一行经历了千辛万苦终于到达马林迪。曼努埃尔一世对达·伽马开辟新航路的行为表示赞赏，并授予他贵族的称号。

达·伽马的远航舰队图。处于中心位置的是指挥船"拉斐尔"号。

1502 年 2 月，为建立葡萄牙在印度洋的霸权，国王派达·伽马向印度洋作第二次航行，并任命他为葡萄牙海军上将，指挥整个舰队的航行。6 月 14 日，达·伽马一行到达东非的苏发拉，并宣布葡萄牙对该地的主权。1502 年 12 月 2 日，达·伽马下令轰击卡利卡特，并屠杀了近 40 个土著欣德斯渔人，征服了卡利卡特和马拉巴南部重镇柯钦。

1503 年 9 月，达·伽马回到里斯本，在他青少年时代生活的埃武拉城过起了隐居生活。1519 年，他被封为维迪奎埃拉伯爵。后来，由于落后的葡萄牙远远跟不上它向东方扩张野心的步伐，所以国王约翰三世再次起用了年过花甲的达·伽马。

1524 年 9 月，作为葡萄牙在印度的总督，达·伽马第三次到达马拉巴。但这时他已年迈体衰，无力再挽救葡萄牙人竭力经营的"东方帝国"。同年 12 月 24 日，达·伽马在当时葡萄牙殖民统治的中心柯钦港病逝，时年 64 岁。

影响人类历史的名人

哥白尼

创立太阳中心说的人

哥白尼是世界近代天文学奠基人,也是一位永不知疲倦的学者。他创立的"太阳中心说",是天文学上的一次伟大革命,引起了人类宇宙观的重大革新。哥白尼也因此成为人类文明史上的伟大科学家。

伟大的波兰天文学家哥白尼把统率整个宇宙的支配力量赋予了太阳,认为各个天体都有其自然的运动。他创立的"太阳中心说"在经历了漫长的3个世纪的斗争后,最终推翻了1 000多年来一直占据着统治地位的"地心说"。

1473年2月19日,哥白尼出生于波兰维斯瓦河下游托伦城一个富裕的家庭。父母双亡的不幸给小哥白尼稚嫩的心灵上留下了难以愈合的创伤。在亲戚的安排下,哥白尼与哥哥由舅舅瓦兹洛德抚养。瓦兹洛德是瓦尔米亚地区的大主教,而且是这个地区文艺复兴运动的先驱。舅舅家里良好的文化氛围和大量的藏书使哥白尼眼界大开。

1491年,哥白尼以优异的成绩迈进了波兰首都克拉科夫大学的校园。舅舅瓦兹洛德为哥白尼兄弟安排了舒适的生活条件,让他们一心一意地学习。在克拉科夫的学习生涯,是哥白尼成为一个天文学家的开始。教天文学和数学的沃伊切赫教授给了他很大的影响。沃伊切赫在青年哥白尼的内心深处播下了敢于向传统理论与权威提出质疑的种子,正是这粒种子激励哥白尼实现了那具有划时代意义的发现。

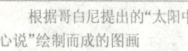

根据哥白尼提出的"太阳中心说"绘制而成的图画

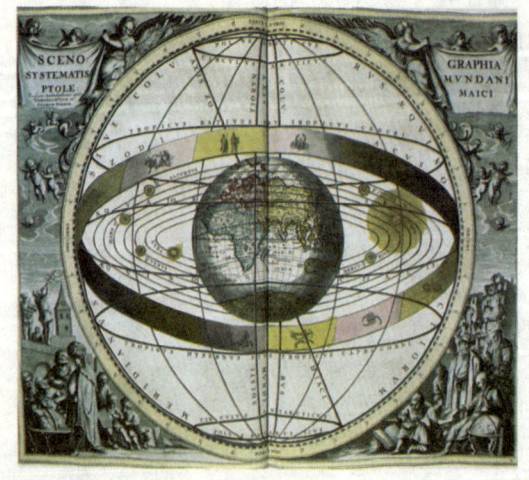

后来，舅舅又将哥白尼送到意大利的博洛尼亚大学去学"教会法"。在那里，哥白尼用相当多的精力去研究古希腊哲学家和天文学家的著作，学会了天文观测技术，并获得了宗教法博士学位。

1506年，法国入侵意大利的战争爆发，哥白尼不得不终止学业，回到祖国波兰。1507年的春天，他开始撰写第一篇天文学论文《浅说关于天体运动的假设》。1510年年底，论文顺利完成，并且获得了很多人的支持。这是哥白尼早期科学研究的成果。

《天体运行论》不仅是现代天文学的起点，而且也是现代科学的开始。哥白尼那具有创造性的理性思想，为伽利略等后起之秀拉开了真正的天文学序幕，激励着每一代科学家前赴后继，推动着天文学的不断前进与发展。上图为哥白尼画像。

1512年，舅舅去世之后，哥白尼被派往波罗的海海滨的弗龙堡教堂任职，并作为一名神父在这里度过了30年的时间。在这座偏僻的海边小城中，哥白尼用自己并不充裕的业余时间开始了漫长的探索历程。由于巍峨的弗龙堡建立在小城中一个地质坚固的高岗上，哥白尼便自己动手建立了一座用自制的仪器进行天文观测的小小的"天文台"。哥白尼后来所著《天体运行论》一书中引用的观察材料，大都是这时记录下来的。

1541年夏天，受主教的邀请，哥白尼与助手雷蒂克来到主教驻地卢巴瓦，共同商讨《天体运行论》的出版事宜。从卢巴瓦归来后，雷蒂克先完成了一本名为《初讲》的小册子，为新书的出版投石问路，轰动了整个欧洲的学术界，这无疑是对《天体运行论》出版的一个强有力的推动。1543年5月，《天体运行论》终于在德国的纽伦堡出版了。

《天体运行论》又名《论天球的旋转》，在这本书中，哥白尼通过大量的天文现象的内在联系，深入地揭示了地球围绕太阳运行的科学真理。以"日心说"取代"地心说"，从根本上打破了"地球是上帝特地安排在宇宙中心"的宗教神话，为后人开辟了一条大胆挑战权威、勇于探索真理的道路。

1543年5月24日，出版商为哥白尼寄来一本《天体运行论》，然而他却没有力气看一眼这本凝聚了自己一生心血的书。这一天，这位伟大的科学家永远离开了人世，他终于可以安心地休息了。

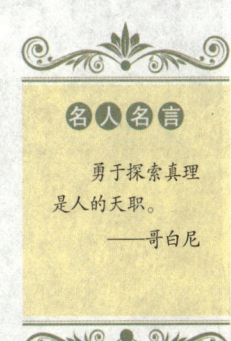

名人名言

勇于探索真理是人的天职。

——哥白尼

米开朗基罗
文艺复兴艺术家

米开朗基罗,一位多才多艺、知识渊博的艺术大师,他集雕刻家、画家、建筑家、诗人等多种头衔于一身。在长达70余年的创作生涯中,他历经坎坷,执著创作,为人类文明增添了许多不朽的篇章。

米开朗基罗是文艺复兴时期雕塑艺术最高峰的代表,他以坚毅的个性,严肃的艺术表现手法,通过对人类自身充满活力的歌颂以及对命运抗争的悲剧性的刻画,表达了他的道德观和对人类前途的深切关注。

米开朗基罗·波纳罗蒂于1475年3月6日出生于佛罗伦萨附近的卡普里斯一个地方行政长官的家庭,6岁丧母,父亲是一个暴烈、烦躁的人。他刚出生时就被寄养在一个石匠家,是在石匠妻子的哺育下长大的,正如他后来所说:"我是全靠奶娘的奶水,才拿起雕刻刀和锤子来的。"

童年时代,米开朗基罗曾在一个拉丁语学校学习,13岁进入吉兰达约的画室,且成绩非常优异,据说,这令他的老师也嫉妒起来。第二年,米开朗基罗开始喜欢一种更具有英雄气息的艺术,于是师从贝尔托尔多学习雕塑,这一学就是4年的时光。在这里,年轻的米开朗基罗阅读了许多古籍,沐浴着柏拉图研究风气,他的思

米开朗基罗的著名雕塑作品《大卫》

想被感染了，沉湎于怀古的生活之中。他不但接触了大量的古代雕塑收藏品，获得了绘画和雕塑技巧的最初经验，心中还出现了一个崇高的信念——成为一名古希腊式的雕塑家。在老师的指导下，他雕刻了《半人马与拉庇泰人之战》。这座骄傲的浮雕，反映出米开朗基罗成熟时期的武士式的心魂与粗犷坚强的手法，对他后来的雕塑风格产生了不可估量的影响。

米开朗基罗的巨作《创世纪》是世界美术史上规模最大的壁画之一。图为《创世纪》局部之《上帝创造了亚当》。

1501年的春天，佛罗伦萨的执政官和米开朗基罗签下了雕刻《大卫》的合同。这是一块高达5米的圆柱形石头，中间有一个丑陋的窟窿。就是用这块石头，米开朗基罗雕成了举世闻名的《大卫》。

《大卫》石像连同基座高5.5米，是以《圣经·旧约》中所记载的以色列国一个牧人的儿子为原形的。当非利亚人侵犯时，他勇敢杀敌，打退了敌人，挽救了民族，成为以色列的民族英雄和首领。米开朗基罗通过雕塑这位英雄表达了自己对国家炽热的情感。

完成《大卫》后，米开朗基罗的名字已被列入伟大雕刻家的史册里。这时，他还不满30岁，他的艺术风格也更趋成熟。

米开朗基罗的另一件著名的雕塑是《摩西》。在这座雕塑中，他把这位基督教圣经故事中古代犹太人的领袖塑造成了半神化的英雄人物。这件作品包含了艺术家对祖国命运的高度关注，使人感受到嫉恶如仇和大义凛然的内心力量。

壁画《创世纪》是米开朗基罗为罗马城梵蒂冈西斯廷礼拜堂拱顶面创作的。整个壁画的面积是538.68平方米，包括几百个人物。他一人爬在18米高的脚手架上仰头作画，以超人的毅力历时4年多才艰难地完成了这些宏伟惊人的"巨人世界"。《创世纪》完成以后，37岁的米开朗基罗已背驼腰弯，视力急剧下降。

米开朗基罗晚年时开始从事建筑设计和诗歌创作，其中，他设计的罗马圣彼得大教堂的祭坛部分和罗马的卡皮托利广场建筑群最具代表性。1564年2月18日，89岁的米开朗基罗逝世，在去世的前一刻，他还在自己的工作室中忙碌着。

麦哲伦
第一次环球航行的领航者

麦哲伦是西班牙著名航海家和探险家,第一次环球航行的发起人与领航者,第一个绕过了美洲最南端的人。麦哲伦的突出贡献不在于环球航行本身,而在于其大胆的信念和对航海事业的出色指挥,他对后世航海和科学事业作出了巨大贡献。

1480年,菲迪南·麦哲伦出生于一个葡萄牙贵族之家,据说出生地点大概在波尔图。少年时期,麦哲伦一直在里斯本的宫廷里当宫内侍从。1505年,他应征加入葡萄牙首任东方总督弗朗西斯科·阿尔梅达指挥的葡萄牙海军舰队,前往印度作战。1511年,麦哲伦随舰队参加了攻占马六甲海峡的战役。

1512年,麦哲伦回到里斯本,次年赴摩洛哥参加进攻阿萨莫尔要塞的战斗。在攻占中,脚部负伤,因而终生行走不便。1514年,麦哲伦回到葡萄牙,以在战争中为祖国立过汗马功劳为由要求享受优良的待遇,但遭到拒绝,国王反而因听信别人的谗言而对他下了驱逐令。

1517年,麦哲伦放弃葡萄牙国籍,来到西班牙朝廷为国王查理一世效力。为了完成哥伦布当年没能完成的事业,从西面到达真正的东方,开辟盛产香料的摩鹿加群岛(今印度马鲁古群岛)的新航线,打破葡萄牙人对香料贸易的垄断,麦哲伦向西班牙国王呈上了自己的远征计划。1518年3月,西班牙王室批准了麦哲伦的远征计划,并允诺若航行中发现新的土地,他及他的子孙将享有治理权。1519年9月20日,麦哲伦率领一支

麦哲伦船队的环球航行,用实践论证了地球是一个球体,证明不管是从西往东,还是从东往西,我们都可以环绕这个星球一周,然后再回到原地。图为麦哲伦画像。

由5艘船，270名海员组成的船队由西班牙南海岸的圣卢卡尔港启航，并于9月26日到达了加纳利群岛。此后，他们又向西

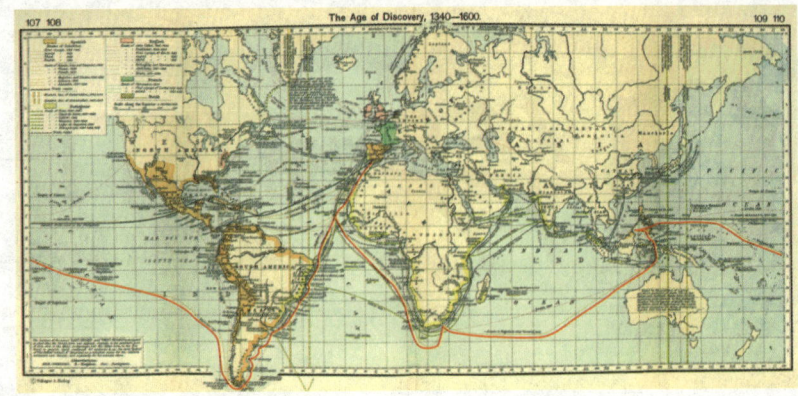

麦哲伦航海路线图。麦哲伦海峡蜿蜒曲折，风大浪急，航行困难，是沟通南大西洋和南太平洋的重要通道。

南方向航行，经过风平浪静的几内亚海岸，于12月13日到达巴西的里约热内卢海湾，随后转向南行驶。

1520年6月，麦哲伦带领船队继续南下，10月份终于发现了他梦寐以求的南美大陆最南端的海峡通道，后来，这个海峡就被称为"麦哲伦海峡"。1521年3月6日，麦哲伦到达了马里亚纳群岛，在其中的关岛登陆，补充新鲜食物。这里离香料群岛已经不远了，但麦哲伦并没有直接开往香料群岛，而是到达了今天菲律宾群岛的宿务岛。当时西班牙国王规定，船队如能扩大王室版图，效力者将有重赏，因此，富庶的宿务岛引起了麦哲伦的极大兴趣，他决心把这个异国的岛屿变成西班牙的殖民地。

在宿务岛，麦哲伦对当地的统治者与手下的人进行威胁利诱，软硬兼施，企图让其成为西班牙忠实的基督教徒。但就在这时，麦哲伦介入了当地土著的内讧，战斗打响了，岛上的居民用标枪、利箭向来犯者投来。麦哲伦一行寡不敌众，节节败退。

1527年4月27日，麦哲伦在一次战斗中被杀身亡。虽然他成为人类近代殖民主义的开路先锋，但却在企图奴役菲律宾人民的战斗中受到了应有的惩罚。麦哲伦被杀害后，他的船队继续西航，回到西班牙，完成了第一次环球航行。当时船上只剩下18个人，因为他们已经极度疲劳衰弱，所以面目憔悴，亲戚朋友都认不出他们了。

虽然麦哲伦没有亲自完成环球远航，但他带领探险队员们进行了一次伟大的从东向西跨太平洋的航行，证明了大地球形理论的正确，向世人展现了地球真实的地理构成，使欧洲的知识阶层从古典学者的绝对权威中解放了出来。

伊丽莎白一世
日不落帝国的舰长

伊丽莎白一世是英国历史上著名的女王,被誉为一代英主。在她长达45年的统治时期里,英国由一个弱小的国家发展为最主要的列强国,国力达到了极盛的黄金时代。同时,她的治国才能得到了各国君主的称道。

伊丽莎白一世的统治期在英国历史上被称为"伊丽莎白时期",亦称"黄金时代"。教皇西克斯图斯曾这样评价:"她是一位妇女,是半个岛屿的主人,然而她使得西班牙、法兰西、神圣罗马帝国和一切国家都惧怕她。"

1533年9月7日,伊丽莎白·都铎诞生在泰晤士河畔格林威治附近的王宫,母亲波琳是亨利八世的第二任妻子。1534年,伊丽莎白被宣布为王位继承人。然而好景不长,在伊丽莎白年仅3岁时,波琳因不贞罪被亨利八世处死,伊丽莎白也被宣布为私生女,失去了王位继承权。波琳死后,亨利八世再娶,生下太子爱德华。1547年,亨利八世逝世,他在遗嘱中规定:爱德华如无嗣,则由他与凯瑟琳生的玛丽继位,玛丽若无嗣则由伊丽莎白继位。

爱德华继位后,由国舅西摩摄政,继续推行亨利八世的宗教改革。然而,6年以后,爱德华便早亡,玛丽·都铎按照遗嘱继承了王位。玛丽·都铎是一

年轻时的伊丽莎白一世

个狂热的天主教徒，在她统治期间，新教教徒遭到迫害，约有300多人惨死在她的手下，一时被人们称为"血腥玛丽"。玛丽对信奉新教的伊丽莎白也心怀嫉恨，她根据反叛的新教贵族的诬告，将伊丽莎白囚禁在伦敦塔，后又软禁在西部七八十千米外的一座王宫内。2年后，虽然解除了软禁，但伊丽莎白又被送往乡村，在那里，她度过了一段田园生活。

1558年，玛丽逝世，25岁的伊丽莎白继位。年轻的女王受命于危难之际，她是在内外交困的形势下继承王位的。为了博得人民的爱戴，伊丽莎白即位后的第一件事就是恢复亨利八世的宗教改革，以缓解国内宗教危机；另一方面，伊丽莎白还修改了爱德华时期的公共祈祷书，使之也能为天主教徒所接受；同时，她对英国的清教徒也加以限制，并力图避免不同教派间的教义争论。这种中庸温和的宗教政策在一定时期内有利于稳定国内形势。1559年，第一届国会通过《至尊法令》，宣布女王为英国所有教会和僧侣团体的最高领导，一切神甫和官吏都必须宣誓效忠女王并不得服从国外天主教势力。这就确立了国教的统治地位，沉重打击了国外天主教势力。

伊丽莎白一世于1558年11月17日至1603年3月24日任英格兰王国和爱尔兰女王，是都铎王朝的第五位也是最后一位君主。她终身未嫁，因此被称为"童贞女王"。伊丽莎白一世即位时英格兰处于内部因宗教分裂的混乱状态，但她不但成功地保持了英格兰的统一，而且在经过近半个世纪的统治后，使英格兰成为欧洲最强大、富有的国家之一。

1588年7月，西班牙派出100多艘舰船的"无敌舰队"远征英国。55岁的伊丽莎白亲自到军营巡视并发表演说，鼓舞士气，结果"无敌舰队"大败而归。这一战役的胜利，对英国产生了决定性的影响。从此，英国取代了西班牙海上霸权的地位，开始了大规模的海外扩张。伊丽莎白时代达到鼎盛时期。

伊丽莎白统治的最后10年，国内矛盾渐趋尖锐。下层社会的动荡、资产阶级的不满以及不断发生的宫廷倾轧，使伊丽莎白晚年变得忧郁、孤僻、多疑，身体也渐渐衰弱。1603年3月24日凌晨，伊丽莎白女王逝世，终年70岁。

名人名言

我希望用尽一切来换取那不平凡的一刻。
——伊丽莎白一世

培根
现代实验科学的始祖

培根是文艺复兴晚期出现的一位英国哲学家、文学家,他为促进人类的科学进步作出了积极的贡献。马克思曾给予培根很高的评价,称他为"英国唯物主义和整个现代实验科学的真正始祖"。

> 培根竭力倡导"读史使人明智,读诗使人聪慧,数学使人精密,哲理使人深刻,伦理学使人有修养,逻辑修辞使人善辩"。他推崇科学、发展科学的进步思想和崇尚知识的进步口号,一直推动着社会的进步。

培根是科学的鼓动家、未来科学时代的预言家。著名科学史家迪克斯特说:"培根在近代科学史上的作用同希腊瘸腿诗人第泰尔斯相似,虽然自己不能打仗,但他的诗篇却鼓舞了士兵英勇作战。"

培根于1561年1月22日出生于英格兰一个新贵族家族。父亲是伊丽莎白女王的掌玺大臣,母亲是位男爵的女儿,很有学问。父亲在宫廷中的高位和家庭中浓厚的学术气氛,无疑促进了培根的成长。

1573年,12岁的培根进入剑桥大学读书。在校期间,他如饥似渴地博览群书,吸取科学知识,下定决心要以自己的努力,来改善人类的处境。他的这一理想随着他的成才而越来越坚定,以至于后来成为宏伟的志向。

1576年,大学毕业的培根获得了一次赴法考察的机会,并作为英国驻法大使的随员到法国。这次法国之行使培根学到了很多自然科学知识,受益匪浅。1579年,家里传来了父亲去世的消息,培根从法国回国奔丧,从此经济拮据,他靠借债完成了自己的法律学业,于1582年成为一名律师。1584年,培根进入议院,受到伊丽

莎白女王的重用，1596年，他被聘为女王的特别法律顾问。尽管在法律界不乏晋升机会，但培根却因在政治上触怒了伊丽莎白女王而受到冷遇。

在这种情况下，培根开始沉浸于学习与思考中，完成他的一批研究成果。1597年，他出版了著名的《论说文集》。《论说文集》前后三个版本，内容非常丰富，详细地记载了培根思想的产生、形成和发展过程。这本书虽然称不上是宏篇巨著，但却是培根用心血凝炼而成的结晶及生活经验的积累。

1603年，英国女王伊丽莎白去世，詹姆士一世登基，培根开始青云直上，不久便与一位高级市政官的女儿结了婚，曾任掌玺大臣，升大法官，授子爵，还担任过英国国务大臣等要职。

就在培根的仕途达到巅峰的时候，在一次申诉委员会上，他却被人指控受贿，最后被上议院处以罚款、监禁并免除一切职务的惩罚，他的政治生涯也因此告终。尽管如此，培根并没有失去勇气，他开始从事学术著述。他的晚年工作远比他身居高位时所做的事情更有价值，撰写了两本《论风》，于1622年发表。他晚年对此颇有感叹："我是把才能误用在自己最不适宜的事物之上了。"

培根运用他的文学才能为国王提供了一套法规汇编，强调学校应传授百科全书式的知识，对教育改革提出了自己的意见。晚年的培根身处逆境，令他最伤心的莫过于失去恩宠。1626年，培根在一次冷冻防腐的科学实验中因受风寒而在阿伦德尔伯爵的寓所里去世，享年65岁。

虽然培根一生中的大部分时间在担当政治家的角色，但他的主要贡献还在于哲学和科学研究上。在哲学方面，培根开创了以认识论研究为中心的新时代。在科学方面，他把科学知识提高到前所未有的地位，提出"知识就是力量"的著名口号。这对当时的认识原则和方法都是一场革命，也为后来科学的迅速发展奠定了思想基础。

弗朗西斯·培根的著作《伟大的复兴》书影

名人名言

知识就是力量。
　　　　——培根

莎士比亚

戏剧之王

莎士比亚是欧洲文艺复兴时期最重要的作家，英国卓越的戏剧家和诗人，也是迄今为止人类最伟大的戏剧大师。他的戏剧大大丰富了人类的文学宝库，是人类文化史上一份极为宝贵的遗产。

莎士比亚，一个我们耳熟能详的名字。他用丰富生动而又充满个性的语言，为人们展现出一幅幅充满悲欢离合的动态画卷。莎士比亚的戏剧大大丰富了人类的文学宝库，是人类文化史上一份极为宝贵的遗产。正如法国大文豪雨果所说："这种天才的降临，使得艺术、科学、哲学或者整个社会焕然一新。"

莎士比亚是迄今为止人类最伟大的戏剧大师，对世界戏剧的发展影响深远。

1564年4月23日，莎士比亚出生在英国中部沃里克郡斯特拉福镇一个富商家庭。7岁时进入斯特拉福文学学校，学习古典文学、修辞学、拉丁语和法语等。14岁时，由于家道中落，莎士比亚辍学回家，协助父亲料理生意。

1582年，18岁的莎士比亚与比他大8岁的安·赫瑟维结了婚。婚后育有3个孩子。1586年，22岁的莎士比亚只身离开斯特拉福前往伦敦。当时的伦敦正处于女王伊丽莎白一世统治的鼎盛时期，政治上相对安定，民族文化（尤其是戏剧艺术）开始走向繁荣，很快就有了一批正式的剧院。这一时期，莎士比亚对戏剧产生了浓厚的兴趣，开始在剧院打杂，后来当了跑龙套的演员，逐渐又扮演了一些重要角色，并担任了导演。

1588年前后，莎士比亚开始进行戏剧创作。由于这时英国正处于昌盛时期，所以莎士比亚的作品基调明朗、激昂，充满了乐观情绪。从1588～1600年，莎士比

莎士比亚名作《无事生非》于1598年首次上演。上图为第二章第四幕情景:值班的治安官道格伯利看着他的书记员写下给康拉德和波拉契奥的回信。

亚共完成了10多部历史剧和喜剧、两首长诗和150首十四行诗，其中，历史剧主要有《亨利六世》《理查三世》《理查二世》《亨利四世》《亨利五世》《约翰王》等9部。

除了历史剧，莎士比亚这一时期还创作了一批成就很高的喜剧：《无事生非》《驯悍记》《仲夏夜之梦》《威尼斯商人》《温莎的风流娘儿们》《皆大欢喜》《第十二夜》等。其中，《威尼斯商人》《无事生非》《皆大欢喜》《第十二夜》被称为莎士比亚的四大喜剧。这些作品描写纯洁的爱情，嘲讽了封建伦理观念和教会禁欲主义。

16世纪末期，英国社会的阶级矛盾开始尖锐化，封建王朝与资产阶级的关系变得越来越紧张，人民生活状况不断恶化，整个社会动荡不安。从这之后，莎士比亚的剧作充满了沉郁、晦暗的气氛。这一时期，他创作了7部悲剧和3部喜剧，其中，《哈姆雷特》《奥塞罗》《李尔王》和《麦克白》被称为莎士比亚的四大悲剧。

1609年后，莎士比亚的创作风格发生了很大的转变，主要以传奇剧和神话剧为主。1609～1612年，他创作了《辛白林》《冬天的故事》和《暴风雨》等传奇剧，其中，《暴风雨》是莎士比亚传奇剧中的代表作。

历史剧《亨利八世》是莎士比亚的最后一本剧本。《亨利八世》演出时，一场大火烧毁了剧场，从此，他再也没有写过一部剧本。

1613年，49岁的莎士比亚离开伦敦剧院，回到了斯特拉福镇。1616年初，由于朋友聚会饮酒而得了热病，4月23日，这位戏剧之王与世长辞，享年52岁。

影响人类历史的名人

伽利略
近代科学实验方法之父

伽利略是意大利伟大的物理学家、天文学家。他的一生经历了很多坎坷，但是任何困难都不能改变他对科学执著的态度。伽利略凭借自己越挫越勇的性格和严谨务实的科学态度，给后世留下了一笔宝贵的精神财富。

伽利略是第一个坚持科学实验的必要性的人，他拒绝那种认为科学问题可以由可信赖的权威决定的观念以及那种没有坚实实验基础的复杂演绎体系。爱因斯坦评论说："伽利略的发现以及他所用的科学推理方法，是人类思想史上最伟大的成就之一，而且标志着物理学的真正开端。"

伽利略一生的研究领域非常广，并且在其涉猎的每个领域中都有建树。他通过对运动进行科学分类，总结出落体定律和惯性定律原理，成为经典力学的开创者。他用自制的望远镜观察天体，对天文学作出了巨大贡献。此外，伽利略在热学、磁学、光学等方面，也取得了不俗的研究成果。

1564年2月15日，伽利略出生在比萨城里一个衰落的望族家庭中。父亲是一位非常出色的音乐家和数学家，在意大利颇有名望。由于受父亲的影响，伽利略从小就爱好机械和数学，显示出良好的从事科学研究的天赋。

1581年，17岁的伽利略考入比萨大学医学院。19岁那年，由于听了数学家利奇的讲课，伽利略认真地读起欧几里得和

1609年，伽利略制造出天文望远镜(后被称为伽利略望远镜)，并用来观测天体。他发现月球表面凹凸不平，并亲手绘制了第一幅月面图。

青少年成长必读人文科学知识丛书

阿基米德的著作，尤其对有"科学实验的创始者"之称的阿基米德的著作着迷。随着教育程度的不断提高，他的兴趣也逐渐从医学转向了数学和科学。

1583年，因无钱支付学费，伽利略被迫离开了学校。也正是在这一段时间里，他培养了对自然科学终生的兴趣。1586年，伽利略写出了第一篇研究论文《小天平》，1588年又写出了《固体内的重心》，并提交给佛罗伦萨的学士院。这篇论文得到了承认，朋友们都称他为"新时代的阿基米德"。1589年，伽利略获得了数学教授的职位。

图为伽利略向缪斯展示自己的望远镜，并指出太阳系，木星和它的卫星以及金星、土星的本性。

1591年，伽利略做了著名的"两个铁球同时着地"的实验，并对此提出了自己的看法：所有物体不论重量如何，从同一高度落下的速度是相同的。尽管这个实验取得了很大的成功，但还是遭到了很多老学者的诋毁。之后，他转到帕多瓦大学执教，潜心于学术和实验。

1610年，伽利略回到了佛罗伦萨，继续从事他的物理学和天文学研究。由于望远镜的发明及由此而作出的一系列发现，伽利略闻名遐迩，但同时由于他公开支持哥白尼的日心说而遭到教会势力的反对。

1624年，乌尔班八世当上教皇，他是伽利略的崇拜者。第二年，新教皇暗示对伽利略的禁令已经无效。1632年，伽利略在佛罗伦萨出版了《关于两大世界体系的对话》一书，该书内容新颖，形式活泼，语言通俗，很快在市民之间流传开来，使哥白尼的学说传播得更为广泛。

1632年8月，此书被教会下令禁止销售，伽利略很快就受到罗马宗教审判所的审判，并于1633年6月被判处终生监禁。被监禁后，伽利略继续从事早期的力学研究，于1637年写出了《关于两种新科学的对话》，并在荷兰出版。

1642年1月8日，伽利略在罗马教廷的迫害下含冤而死，成为科学界一大损失。

1979年，罗马教廷在一次公开集会上承认伽利略被教廷"错误定罪"。300多年前的冤案终于昭雪。

开普勒

天上的立法者

开普勒,德国近代著名的天文学家、数学家、物理学家和哲学家。他以数学的和谐性探索宇宙,在天文学方面作出了巨大的贡献。开普勒是继哥白尼之后第一个站出来捍卫太阳中心说并在天文学方面有突破性成就的人物,被后世的科学史家称为"天上的立法者"。

开普勒是近代自然科学的开创者之一,在科学与神权的斗争中,他坚定地站在了科学的一边,推动了唯物主义世界观的发展,使人类科学向前跨进了一大步,马克思也称他是自己所喜爱的英雄。

1571年12月27日,约翰内斯·开普勒出生在德国南部魏尔镇一个没落的贵族家庭,母亲是一家旅馆主的女儿,父亲则是一个性格乖戾的酒徒。1574年,不幸落在了年仅3岁的小开普勒身上——天花不仅在他脸上留下了无法抹去的烙印,同时也严重地影响了他的视力。然而,就是这样一位身体残疾的孩子,却在贫困与备受歧视的生活中顽强地追求着自己的理想。16岁时,开普勒以优异的成绩获得了奖学金,从而成为著名的图宾根大学的学生。进入大学后,开普勒将兴趣转向了天文学。1594年,在恩师的举荐下,开普勒来到奥地利格拉茨大学担任天文学教师,从此与神秘的宇宙结下了不解之缘。

早在约公元前500年,古希腊的毕达哥拉斯学派便认为整个宇宙是一个由比例关系决定的和谐的整体,而开普勒正是毕

开普勒画像

达哥拉斯学派的追随者。通过对当时所发现的六颗行星（土星、木星、火星、地球、金星、水星）的轨道半径（8∶15∶20∶30∶115∶195）比例的观察，开普勒惊喜地发现，用五种正多面体正好可以表示出这六大行星的轨道半径。

1596年，开普勒将这些发现发表在了他的第一本重要著作《宇宙的神秘》一书中。虽然他所得出的行星运动的结果与当时的观测数据相吻合，但这其实只是一种巧合。当更多的行星被发现后，开普勒的正多面体图形便不再适用了，然而，当时的开普勒却深受鼓舞。

1600年，开普勒来到第谷身边，一起开始了天文学史上一段最富有启发性的合作。在第谷身边，开普勒接触到了许多丰富而又精确的观测资料，并逐渐发现自己所构造出的宇宙体系存在着许多漏洞，于是，开始重新寻找他的宇宙秩序。

开普勒模型

1601年，第谷在布拉格去世了，开普勒继任成为了鲁道夫二世的宫廷数学家。这时，他开始利用第谷留下的观测数据重新计算六大行星的运行轨道，经过4年多的整理与试探，开普勒终于找到了行星的轨道形状——确认其为椭圆形。从此，在天文学历史上持续了几千年的圆运动的学说宣告结束。之后几年，著名的开普勒行星运动三大定律也陆续诞生：①所有行星的轨道都是椭圆的；②由行星到太阳连一条线（物理学上称"矢径"），这条线在相同的时间扫过的面积相等；③所有行星轨道的半长轴的三次方与公转周期的二次方的比值都相等。（用公式表示为：$R^3/T^2=K$）

1630年，59岁的开普勒因为生活困苦，不得不前往雷根斯堡索要被拖欠了20多年的薪水，但这位为天空立法的巨人却因伤寒而逝于途中。

开普勒虽然在落魄中离开了人世，然而，他那具有无限生命力的精神光彩，却永远伴随着人们，并为照亮后人前进的道路而放射出永久的光芒。

克伦威尔
资产阶级革命家

　　奥利弗·克伦威尔，英国乃至世界近代史上一位杰出的政治家、军事家、宗教领袖。他是17世纪英国资产阶级革命的先驱，也是英国清教徒革命的首脑人物、议会军的指挥官。他领导议会军赢得了英国内战的胜利，是英国议会民主制的奠基人。

　　提起英国的资产阶级革命，就不能不重温克伦威尔辉煌的革命生涯。克伦威尔是一位杰出的军事将领，他最主要的贡献是在英国内战中击溃了保皇党人的力量。可以毫不夸张地说，如果没有他，在英国内战中，议会军最终的胜利就不可能到来。这一胜利的结果，是民主政府在英国的确立和加强。

> 虽然英国只是个岛国，但民主政体正是从这个岛国涌向了世界各地，而这一切，无不烙印着克伦威尔努力奋斗的痕迹。

　　1599年，奥利弗·克伦威尔出生于英国东部亨丁顿郡一个贵族家庭。父亲是一位虔诚的清教徒，曾任亨丁顿议会议员、郡治安法官等职。克伦威尔就是在这样一个享有封建特权的乡绅世家中长大的。

　　1616年，克伦威尔进入剑桥大学攻读法律和历史，并在这里受到了大主教洛德清教思想的影响。1617年，由于父亲突然去世，克伦威尔不得不放弃在剑桥大学的学习而返回家乡。两年后，克伦威尔再度离开家乡，来到英国的政治、经济、文化中心——伦敦，学习法律。在这期间，克伦威尔的思想日趋成熟，志向渐渐转向政治方面，为日后当选议会议员和郡治安法官准备了条件。

1628年，克伦威尔当选为亨丁顿议员，开始登上政治舞台。但是第二年，查理一世就决定解散议会，实行独裁专治，直到1640年在对苏格兰人作战需要资金的情况下，才召集了一个新议会，克伦威尔再次当选为议员。1642年8月，克伦威尔在英格兰中部竖起战旗，开始讨伐议会，英国内战爆发了。

1645年6月14日，由克伦威尔和法尔法克斯领导的议会军在内兹比战役中战胜保皇军，取得英国内战的关键性胜利。

在历时4年的内战中，克伦威尔战功卓著。他招募了一支主要由自耕农组成的上千人的轻骑兵，号称"铁骑军"。"铁骑军"击败国王军，扭转了议会派初时失利的局面。1645年1月，议会又授权他建立一支2万多人的"新模范军"，6月，这支军队在内兹比战役中一举摧毁了国王军的主力，议会军取得了内战的首次胜利。

然而和平并没有到来，1647年，查理一世潜逃，并重新纠集王党军队，再次挑起内战，第二次内战爆发。1648年8月，克伦威尔率兵击溃苏格兰军队，9月，占领苏格兰军队首都爱丁堡，取得了第二次内战的胜利。次年，查理一世被送上了断头台，英国宣布为共和国。

克伦威尔在稳定了国内局势后，于1649年9月率军侵入爱尔兰，镇压当地民族起义。之后，又北上苏格兰，彻底消灭了查理一世儿子率领的军队，为3年后苏格兰与英格兰的合并做好了准备。

为了争夺殖民地，克伦威尔凭借强大的军事力量，于1652～1654年对荷兰发动战争，迫使荷兰接受《航海条例》。1654年，又取得在葡萄牙殖民地通商的特权，从西班牙手中夺取了奴隶贸易中心牙买加和敦刻尔克。

1658年，克伦威尔的身体状况急剧恶化，同年9月3日，在伦敦病逝，时年59岁。同年11月23日，克伦威尔被葬于威斯敏斯特大教堂。而他所期望的君主立宪制，直到1688年才得以实现。

名人名言

没有进取目标的人难成大事。
——克伦威尔

牛顿
科学巨人

牛顿，17世纪英国伟大的数学家、物理学家、天文学家和自然哲学家，他把自己的整个生命和毕生精力都献给了科学事业。牛顿的科学成就不胜枚举，既为我们今天的科学研究奠定了基础，也为他在科学史上赢得了崇高的地位。

曾有人说过这样的话："中世纪的一千多年来，自然界和自然规律都隐藏在黑暗中。上帝说：'让牛顿出生吧！'于是一切都变成光明的了。"毫无疑问，牛顿为人类进步所作的贡献具有里程碑的意义。

1643年1月4日，牛顿出生在英国北部的一个小镇。他是一个遗腹子，父亲在他出世前就去世了，母亲在他3岁时改嫁了，牛顿就与年迈的外祖母过着贫困孤苦的生活。幼年的牛顿对学习毫无兴趣，成绩也很一般，但他却特别喜爱手工，制作了不少风车、风筝等精巧的器械。9岁时，牛顿做了一个测量时间的仪器——日晷，天赋初显。12岁时，在舅舅的安排下，牛顿开始在镇上的格兰瑟姆的中学上学。但在学校里，他经常受到大同学的欺辱，这使他意识到自己之所以受人侮辱，很大原因就是在学习上不如别人。此后，牛顿开始用心钻研功课，且进步飞速，令老师和同学们都惊讶不已。

正当牛顿准备在求知的道路上吸收更多的东西时，继父去世，迫于生活，母亲不得不让牛顿回到家中料理农庄。牛顿一边帮助母亲耕种，一边仍然勤奋地学习，抽空就躲在树下聚精会神地读书。他这种好学的精神感动了舅舅，

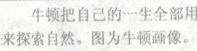
牛顿把自己的一生全部用来探索自然。图为牛顿画像。

于是舅舅劝服母亲让牛顿复学。复学后的牛顿特别珍惜这来之不易的机会，更加勤奋地学习，一年后，他以优异的成绩进入剑桥大学三一学院深造。

在剑桥大学，牛顿开始接触到大量自然科学著作，经常参加学院举办的各类讲座，包括地理、物理、天文和数学。牛顿的第一任教授伊萨克·巴罗是个博学多才的学者。这位学者独具慧眼，看出了牛顿具有深邃的观察力、敏锐的理解力，于是将自己的数学知识全部传授给了牛顿，并把牛顿引向了近代自然科学的研究领域。在即将大学毕业时，牛顿研究出了二项式定理，取得了一生中的第一个重要成果。

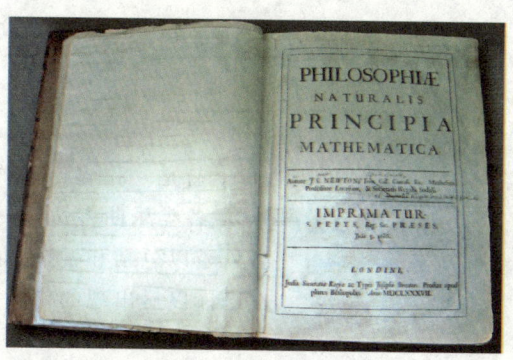

此图为牛顿的棱镜实验，向人们展示了阳光如何被分散成彩色光。

1665年，牛顿大学毕业时，由于成绩突出，被继续留在剑桥攻读。同年，英国爆发了可怕的鼠疫，大学停课，牛顿返回故乡住了两年。在这两年中，牛顿建立了微积分、光学理论、万有引力定律、三大运动定律等伟大的成就。

1667年，鼠疫风波平息，牛顿返回剑桥。1669年，巴罗教授辞职，推荐牛顿继承他的位置，此后，牛顿在剑桥工作了20多年。

牛顿的《自然哲学的数学原理》无论从科学史还是整个人类文明史来看都是一部划时代的巨著。

1704年，牛顿被推举为皇家学会的会长。这一时期，他整理出版了《光学》《三次曲线枚举》《微积分》等数学和光学著作。

1727年3月20日，85岁的牛顿在睡梦中安然逝世，由于他对国家贡献卓著，被葬于威斯敏斯特教堂的公墓里。他是英国历史上第一个获得国葬的自然科学家。

牛顿一生未婚，他把自己的一生全部用来探索自然。他的《光学》和《自然哲学的数学原理》两部巨著，成为科学史上永放光彩的两座丰碑。可以说，牛顿奉献给人类的，是从真理海洋中捞取的一粒珍珠。牛顿在科学史上的地位是举世公认的，他的理论每时每刻都对科学的发展和人类思想的进步产生着深刻的影响。

名人名言

如果说我比别人看得远些，那是因为我站在巨人的肩膀上。

——牛顿

巴赫
音乐之父

巴赫是举世闻名的德国古典音乐大师，他是第一个把各国不同风格的音乐成功糅合在一起的人，被世人尊称为"音乐之父"。巴赫为人类谱写出了诸多不朽的传世乐章，他的诞生，对人类、对音乐来说都是一个幸运。

巴赫是一位多产的作曲家和杰出的演奏家，他一生创作的各类乐曲多达800余首。他承上启下，将几个世纪以来的音乐予以总结和发扬。他在音乐的创作上形式多样，内容深刻。在巴赫以后出现的伟大音乐家，几乎全部受过他的滋养——贝多芬、舒曼、雷格尔……无数后代音乐家用他们的音乐语言，表达着对巴赫的敬意。

> 巴赫的音乐，可以说是构成欧洲音乐殿堂的一根重要支柱。

1685年，世界上著名的音乐大师约翰·塞巴斯蒂安·巴赫诞生在德国中部图林根州的爱森纳赫市，这是一个富有音乐传统的城市。巴赫的家族可称得上是音乐世家，他的祖父和父亲都是乐师。巴赫在音乐中降生，在音乐中生长，这无疑为巴赫音乐才华的萌生与发展提供了一个良好的环境。

巴赫在幼年时就受到了严格的音乐训练，做音乐师的父亲亲自为他上启蒙音乐课，亲手教他拉小提琴，为他打下了坚实的音乐基础。然而童年无忧的生活是短暂的，在他9岁那年，母亲去世了，第二年，他又失去了父亲,成了孤儿。这时,担任风琴师的大哥承担起了抚养弟弟的责任,并在闲暇之余指导他继续学习音乐。在困境中,兄弟俩相依为命,他们走街串巷,靠唱歌乞食。作为一个孩子,巴赫从小就背起了音乐这个既沉重又美丽的"十字架"。

15岁时,巴赫离开兄长开始独立生活,他转学到吕讷堡,到当地的寺院当"乐童"。在那里,他先后学习了小提琴、管风琴,不但不辞辛苦地将一本本著名作曲家的乐谱认真抄写,而且通宵达旦地练琴,钻研演奏技巧。

1703年,18岁的巴赫已成为一名出色的管风琴手,在魏玛的阿恩斯塔德城任教堂管风琴师。从此,巴赫开始倾注心力谱写他的作品。他创作了著名的《离别随想曲》《D小调托卡塔曲》《G大调幻想曲》等。除了未涉及歌剧外,他的作品包括各种体裁,其中以管风琴作品占的比重最大。

▲ 巴赫曾在教堂中担任管风琴乐师

尽管巴赫的音乐修养很高,但他却常因破坏教会的清规戒律而受到严厉的惩罚,例如教会规定妇女不许参加教会合唱,巴赫却常把他表妹领进教堂,因此引起教会不满,受到监禁的惩罚。

1708—1723年,巴赫在魏玛、寇顿任宫廷乐长,这是他艺术创作的第一个鼎盛期,创作了许多杰作,如《风琴乐曲》《古钢琴曲》以及被人们称为"世俗康塔塔"的作品。

1723年,巴赫到莱比锡托马斯教堂及其附属歌唱学校担任乐长和教师,并创作了《约翰受难曲》。这部作品把《约翰福音》中所记载的耶稣受难的情节,完全用音乐表达了出来。巴赫创作这部受难曲的目的,是要使信徒们对耶稣受难有更深刻的认识,表达了人类从耶稣的拯救中所得到的圣荣光华。

晚年,巴赫常因一些繁琐的公务而浪费了大量宝贵的时间,他不得不辞去了大部分公职,以便有更多的时间创作。1750年,巴赫因突然中风逝世,享年65岁。

伏尔泰
用笔杆战斗的勇士

在法国启蒙运动的学者中,伏尔泰是被公认的领袖和导师,他的文学成就最高,文学作品数量也最多。伏尔泰用笔杆进行了60多年的反封建斗争,影响遍及全世界,他将永远受到世界人民的崇敬和爱戴。

伏尔泰的一生是战斗的一生,他的斗争锋芒直指封建专制制度。他的斗争目的就是要把人们从中世纪的蒙昧和宗教迷信的思想禁锢中解放出来,以期建立一个平等、自由、幸福的"理性王国",即理想化的资产阶级王国。伏尔泰的威望和贡献,是法国启蒙思想家中最大的。

伏尔泰是法国启蒙运动时期的中心人物

伏尔泰,原名费朗梭阿·马利·阿鲁埃,伏尔泰是他的笔名。1694年11月22日,伏尔泰出生在巴黎一个富有的公证人的家庭。伏尔泰幼年时就能背诵拉·封丹的《寓言》,12岁已能作诗,并开始对神学表示怀疑。16岁那年,伏尔泰中学毕业,没有继续学习法律,成了一个没有职业的文人,经常写一些讽刺诗和即景诗。1715年,号称"太阳王"的路易十四去世,年仅5岁的曾孙路易十五继位,由奥尔良公爵菲利浦摄政。路易十四时代是法国封建王权的鼎盛时代,教会的权力大大增长,强烈的阶级矛盾成为推动历史发展的动力,启蒙运动应运而生。

就在这时,伏尔泰充当了启蒙运动的旗手,开始用自己手中的笔向糜烂腐败的宫廷挑战。1717年,伏尔泰因为写了揭露宫廷淫乱风气的讽刺诗,被投入了巴士底狱。在狱中,伏尔泰并没有停止思考和写作,他以希腊神话中一个乱伦的故事来影射宫廷生活。这部名叫《欧第伯》的剧本在他出狱后在巴黎上演,受到一致好评,伏尔泰也因此在法国文学界名声大振。1725年,因为顶撞了一个贵族,伏尔泰被驱逐出法国,开始了漫长的流亡生涯。

1726—1729年,流亡英国的伏尔泰认真考察了英国的政治、经济、文化和科学成就。正是在这一时期,他的哲学观点乃至整个世界观开始形成。1729年,伏尔泰回到巴黎,历史剧《布鲁杜斯》和悲剧《采儿》是这个时期的代表作品。1734年,伏尔泰在鲁昂出版了《英国通讯录》,被认为是"投向旧制度的第一颗炸弹",一经问世就被法院判为禁书,当众焚毁,伏尔泰被迫流亡到荷兰,寄居在友人夏德莱侯爵夫人家中。

1749年,夏德莱夫人去世,伏尔泰在普鲁士国王腓特烈二世的邀请下来到了普鲁士,想把国王和宫廷作为自己实现启蒙运动的手段,但当他痛苦地认识到不可能实现时,随即挂冠而去,决定不再和任何君主来往。

离开普鲁士后,伏尔泰在法国与瑞士边境的佛尔纳购置了房屋和地产,在这里度过了富裕的晚年。1774年,路易十五去世,新即位的路易十六无法阻止法国人民对伏尔泰的拥护和爱戴,于是允许伏尔泰于1778年返回巴黎,人们夹道欢呼,无比热烈地迎接这位84岁高龄的老人,场面胜过了欢迎任何一位国君。

同年的5月30日,伏尔泰病逝。由于受到教会的迫害,伏尔泰的遗体不得不被秘密运到香槟省安葬。后来,法国人民在先贤祠地宫的中心设置了伏尔泰的假墓,以纪念这位大革命的先驱。

> 伏尔泰才思敏捷,多才多艺,他的作品以尖刻的语言和讽刺的笔调而闻名。图为腓特烈二世设宴款待伏尔泰。

名人名言

自由是人类最宝贵的财产。
——伏尔泰

影响人类历史的名人

富兰克林
资本主义精神最完美的代表

本杰明·富兰克林是18世纪美国杰出的科学家、思想家和政治活动家。除了在电学上的贡献外，富兰克林还是美国独立战争的老战士。他参加起草了《独立宣言》和美国宪法，积极主张废除奴隶制度，深受美国人民的崇敬。

18世纪中期，电学史上出现了一位叱咤风云的勇士，他冒着生命危险从天空中攫取雷电，揭开了电的秘密，他的名字叫本杰明·富兰克林。

1706年1月17日，富兰克林出生在北美的波士顿城，他的父亲原是英国漆匠，当时以制造蜡烛和肥皂为业。后来因受宗教迫害，举家迁到了北美大陆。富兰克林8岁入学读书，虽然学习成绩优异，但由于家中孩子太多，无法负担他读书的费用，所以他到10岁时就不得不离开学校，回家帮父亲一起做蜡烛。富兰克林一生只在学校读了这两年书。

12岁时，父亲把富兰克林送到哥哥詹姆士经营的小印刷所当学徒，自此，他当了近10年的印刷工人。富兰克林年纪虽小，但在印刷厂里却很快掌握了排字、校对、印刷、装订等技术。同时，富兰克林从未间断过学习，他从伙食费中省下钱来买书，还利用工作之便结识了几家书店的学徒，这样，能够看到的书就更多了。富兰克林常常在晚上将书店的书借来，通宵达旦地阅读，第二天一大早便归还。他阅读的范围很广，从自然科学、技术方面的通俗读物，到著名科学家的

富兰克林是美国历史上第一位享有国际声誉的科学家和发明家

论文以及名作家的作品，几乎全都读过。

17岁那年，富兰克林离开了哥哥的印刷所，独自来到伦敦，后来又辗转来到费城。在那里，他从印刷工人开始，一直到拥有自己的印刷作坊，自己办报纸，走过了一段艰辛的谋生之路。

1736年，富兰克林当选为宾夕法尼亚州议会秘书。1737年，任费城副邮务长。虽然工作越来越繁重，可是富兰克林每天仍然坚持学习。为了进一步打开知识宝库的大门，他孜孜不倦地学习外国语，先后掌握了法文、意大利文、西班牙文及拉丁文。他广泛地接受了世界科学文化的先进成果，为自己的科学研究奠定了坚实的基础。

艺术家绘制的富兰克林"风筝实验"图。

1748年，富兰克林离开自己从事了30多年的印刷工作，开始进行科学研究。1745年，荷兰人发明了一种能充电、放电的"莱顿瓶"，大大促进了电学实验。后来，经过反复的实验，富兰克林终于大胆提出了用正电和负电来说明两种电荷的性质。在1752年7月一个雷雨交加的傍晚，富兰克林冒着生命危险，利用风筝做了一次名载青史的捕捉天电实验，并最终证实：天上的雷电与人工摩擦产生的电具有完全相同的性质，从而打破了雷电是上帝之火的谬论。之后，富兰克林又根据这一实验，成功地发明了避雷针。

美国独立战争爆发后，富兰克林参加了第二届大陆会议和《独立宣言》的起草工作。1776年，已经70岁高龄的富兰克林又远涉重洋出使法国，争取到法国和其他欧洲国家人民对北美独立战争的支援。1787年，他积极参加了制定美国宪法的工作，并组织了反对奴役黑人的运动。

1790年4月17日，84岁的富兰克林溘然逝去。4月21日，费城人民为他举行了隆重的葬礼，两万人参加了出殡队伍，他们为富兰克林的逝世服丧一个月，以表示对这位德高望重的科学家、思想家和政治活动家的悼念。

华盛顿
美国之父

乔治·华盛顿是美利坚合众国的开国总统,被尊称为"美国之父"。作为美国独立战争的领导人和组织者,他以非凡的战略眼光和在逆境中无比坚强的精神,将美国人民带入一个没有殖民压迫的新世界,演奏出一曲反对压迫、争取自由的民族交响乐。

人们常说:一个伟人就是人类历史的一座丰碑。而作为一个军事家和民族英雄,华盛顿理应被列入伟人的行列。他是战争时代最伟大的将军,和平时期最杰出的领袖,同胞心目中最伟大的人物。是他缔造了一个新的美国,并指引它度过了建国的最早年代。他的思想一直照耀着美国人,他确立的政策、原则都为后来的美国人所遵守,为美国的强盛奠定了基础。

1732年2月22日上午10时左右,一个男婴在北美弗吉尼亚州一个庄园的老屋里降生了,父亲奥古斯丁为其取名为乔治,这就是后来成为美国国父的乔治·华盛顿。

1743年,华盛顿的父亲去世,兄长劳伦斯承担起了对他的关怀和爱护。在兄长的庄园里,他接触到一些名门望族,并学会了英国上流社会的道德观念、礼仪典章和温文尔雅的风度。在此阶段,他还熟练掌握了测量技术,并被任命为政府测量员。几年的测量生活,使华盛顿适应了野外的艰苦生活,学会了

华盛顿缔造了一个新的美国,并指引着它度过了建国的最早年代。

与印第安人交往。这一段生活经历，对华盛顿的命运，包括对美国人的命运都产生了巨大的影响。

华盛顿20岁时，兄长劳伦斯也去世了，整个大农场由华盛顿继承和管理。他经常骑马到弗吉尼亚各处去观察，对西部广袤无垠的土地产生了强烈的兴趣。1752年，华盛顿被任命为弗吉尼亚南区的副长官。1755年，爆发了英法七年战争，华盛顿骁勇善战，因其出色的表现被委任为弗吉尼亚民兵总司令。

1781年10月的约克镇包围战中，罗尚博将军和华盛顿下达了最后一次进攻命令。

1763年，英国政府在北美殖民地颁布法令，禁止向阿勒根尼山以西移民，并制定了《茶叶税法》，加紧了对殖民地的剥削和压迫。面对殖民者的高压政策，1774年9月5日至10月26日，各殖民地代表在费城举行了第一届大陆会议。华盛顿代表弗吉尼亚州参加，极力主张殖民地和宗主国完全分离。

1775年4月19日，波士顿来克星顿的枪声揭开了美国独立战争的序幕。1775年5月，第二届大陆会议召开，华盛顿依然代表弗吉尼亚州出席了会议。会上，代表们一致通过组织大陆军的决定，并推举华盛顿担任大陆军总司令。担任总司令后，华盛顿率领军队全身心地投入战争中，于1776年3月17日迫使英军退守哈利法克斯港，独立战争取得胜利。

1776年7月4日，大陆会议通过了《独立宣言》，庄严宣布北美13个殖民地从此脱离英国殖民者的统治而独立，美利坚合众国诞生了。1789年2月4日，华盛顿被选为美利坚合众国的首任总统，在华盛顿执政的8年期间，他凭借自己的威望和高明的政治手段，使13个原本争吵不安的州在建国初期的困难年代中保持一团和气。

1799年12月14日，华盛顿因喉炎去世，终年67岁，美国及欧洲各地举行了隆重的悼念活动。美国政府还将"华盛顿哥伦比亚特区"命名为华盛顿。1800年，美国首都正式从费城迁到华盛顿，以此来纪念这位国父级的人物。

瓦特
工业革命的缔造者

詹姆斯·瓦特是改良蒸汽机的发明者。他的发明具有划时代的意义,直接导致了第一次工业技术革命的兴起。瓦特的创造精神、超人的才能和不懈的钻研精神为后人留下了宝贵的精神和物质财富。

1736 年1月19日,在英国造船业中心格拉斯哥附近的小城格里诺克,詹姆斯·瓦特出生了,他是这个家庭的第六个孩子。由于小瓦特的4个哥哥和1个姐姐都相继夭折,所以母亲对于小瓦特的到来,倾注了全部的心血和关爱。然而小瓦特天生就体弱多病,母亲的娇宠并没有给他带来更多的健康,反倒助长了他高傲和孤僻的性格,使他从小就显得不合群。小瓦特的聪明才智在中学时就逐渐显露了出来,被公认为是可以顺利迈入大学的一名好学生。

然而,天有不测风云,在瓦特中学毕业前夕,一连串的不幸突然降临在他的家中:弟弟遭遇海难、母亲忧伤而死、父亲的生意面临破产。各种变故使家里的经济状况陷入困境,因此他失去了上学深造的机会,走上了出外谋生的道路。

1754年,18岁的瓦特来到格拉斯哥一家钟表店学手艺,但由于收入过低而不能维持生活。第二年,他又来到伦敦当学徒,凭借自己的勤奋好学,很快掌握了别人用三四年的训练才能学会的技艺。1756年,瓦特重新回到格拉斯哥,在格拉斯哥大学当了一名仪器设备维护员。1757

作为一个创造力丰富的科学奇才,瓦特还有多项发明,如液体比重计、信件复印机等。图为瓦特画像。

年，瓦特在格拉斯哥获得了"大学数据仪器制造者"的头衔，成为这所大学的编外员工，并拥有了一个装备齐全的物理研究室。

在大学里，瓦特还结识了一批良师益友，其中就有著名的物理学家布莱克。瓦特从他那里学到了许多热学知识，也曾对他提供过热心的帮助。布莱克利用瓦特为他特制的精密仪器仪表，完成了一系列的科学实验，最终确立了特定热和潜热等理论。同样，布莱克的潜热学说对瓦特日后进行的蒸汽机研制实验，也产生了巨大的影响。

瓦特做实验的工厂

1763年，瓦特开始向改进蒸汽机迈进，并在这一领域里苦苦摸索、研究了20多年，终于完成了对纽可门蒸汽机的三次革新。瓦特的发明，使蒸汽机变成了适用于一切工业部门的动力机械，并迅速被纺织、冶金、造纸、食品、建筑等各行业广泛应用。1807年，第一艘蒸汽轮船制造成功，1814年，第一台实用的蒸汽机车问世。这许多以蒸汽为动力的机械装置的发明，无一不是瓦特蒸汽机发明的结果。可以说，没有瓦特的发明，就不会有近代工业革命的发展。

1775年5月22日，经过博尔顿的努力，瓦特蒸汽发动机的专利有限期被延长到1800年。他们成立了博尔顿—瓦特公司，合伙进行蒸汽机的改进与制造。1806年，瓦特获得了格拉斯哥大学授予的名誉博士学位。1814年，由于瓦特的伟大贡献，他获得了一项最大的荣誉——当选为法国科学院院士。当时，瓦特已到了古稀之年，他的儿子小瓦特成为发动机公司的合伙人。退休后的瓦特健康状况仍然很好，他经常以顾问工程师的身份工作，并继续发明一些有用的机器。

1819年7月，瓦特兴趣盎然地在伦敦游览了一番，可是回到家后，83岁的他突然病倒了。同年8月19日，这位对人类发展作出巨大贡献的科学家安详地离开了人世。

与其用华丽的外衣装饰自己，不如用知识武装自己。

——瓦特

杰弗逊
美国自由主义的化身

杰弗逊是第三任美国总统,他是美国独立运动的领导人之一,美国的开国元勋和建国功臣。杰弗逊起草的《独立宣言》具有世界性的影响,成为光辉千古的不朽篇章。他是美国自由主义的代言人和创始人,在美国历史上可以与华盛顿、林肯比肩。

杰弗逊不但是一位名垂青史的政治家,还是一位百科全书式的人物。他精通7种语言,而且还是小有名气的发明家、建筑师、农业专家、小提琴手和宗教专家。

1743年4月13日,托马斯·杰弗逊出生在弗吉尼亚州沙德威尔一个种植园主家庭。他的父亲对子女的教育非常重视,所以杰弗逊5岁时就开始读书,少年时就通晓拉丁文和希腊文。杰弗逊14岁时,父亲去世,他继承了大片的地产。

1760年3月,17岁的杰弗逊进入威廉斯堡的威廉—玛丽学院学习。毕业后,他又转攻法律。24岁时,杰弗逊取得了律师资格,一直执业到独立战争爆发。

1769年,杰弗逊当选为弗吉尼亚州议会议员,从此开始了他的政治生涯。受英国哲学家洛克和法国启蒙思想家卢梭的影响,杰弗逊深信"天赋权利说"和"社会契约说",认为被压迫的人具有天赋的自由与平等的权利,倾向民主自由的政治思想已露端倪。随着北美殖民地经济的发展与英国对殖民地压迫政策的加强,北美殖民地

杰弗逊提出的"人人生而平等"的理念,一直在全世界为人们所传颂。

与英国的矛盾日益尖锐，爆发了殖民地人民争取独立的革命。由于在群众中具有广泛的社会基础，杰弗逊便成为争取独立的殖民地人民的左翼领导人之一。

1775年5月，32岁的杰弗逊作为弗吉尼亚州的代表，出席了在费城召开的第二届大陆会议，并被选为起草《独立宣言》第一稿的执笔者。在《独立宣言》中，杰弗逊再次肯定了"天赋权利说"。

图为杰弗逊起草《独立宣言》时的情景

1776年10月，大陆会议结束之后，杰弗逊返回弗吉尼亚立法机关，为实行几项重大改革发挥了主导作用。1776年，杰弗逊当选为战时州长，当1780年英军进攻弗吉尼亚时，杰弗逊虽然恪尽职守，但由于缺乏军事领导经验而使弗吉尼亚议会遭到了破坏。他因此受到各方面的责难和批评，于1781年辞去州长职务，回到了家乡。

1789年，在新总统乔治·华盛顿的提名下，杰弗逊就任国家第一任国务卿。除了主持外交事务和国内事务外，他还亲自参与了国会大厦——白宫的设计与建造。1793年，在华盛顿总统任期将尽时，杰弗逊也递上了辞呈，再次回到家乡。1796年，原任副总统的亚当斯当选为总统，杰弗逊当选为副总统。

1801年，由于不满亚当斯政府颁布的4项摧残人民民主权利的法令，杰弗逊决心通过选举之路竞选总统。在1805年的大选中，他如愿当选为美国第3任总统。担任总统期间，杰弗逊精兵简政，大力发展农业和工商业，废除了国产税，减轻了税收，并颁布新土地法和禁止奴隶贸易，将美国疆土扩大了一倍，为美国资本主义的发展提供了有利的条件。

1809年，杰弗逊卸任后，把全部精力都献给了教育事业。从1819—1825年，年逾古稀的杰弗逊为创建弗吉尼亚大学东奔西走，在他去世前一年这所大学终于建成了。1826年，托马斯·杰弗逊去世，享年83岁。

名人名言

人人生而平等。
——杰弗逊

影响人类历史的名人

81

拉瓦锡
近代化学之父

拉瓦锡是法国化学家，他掀起的化学革命是 18 世纪科学发展史上最辉煌的运动之一。拉瓦锡的化学革命思想及其实践，还为近代化学带来了前所未有的系统性，因此他被称为"近代化学之父"。

安托万—劳伦特·拉瓦锡，1743 年 8 月 26 日出生于巴黎一个富裕的家庭，父亲是一位颇有名气的律师。5 岁那年母亲因病去世，拉瓦锡从此在姨母的照料下生活。在家庭教师的辅导下，他渐渐对科学产生了极大的兴趣。1754 年，拉瓦锡进入当时著名的马扎林学院。他 18 岁时考入法政大学，21 岁毕业取得法学硕士学位。按照父亲的安排，拉瓦锡继承了父业，成为一名律师。但他对科学的热情丝毫没有减退，仍醉心于天文学和化学。在他的办公抽屉里，常常放着各种各样的石头，甚至卷宗里也能抖出矿粉来。

1765 年，拉瓦锡基于对石膏物理与化学性质的系统研究，发表了首篇化学论文，并引起了法国科学院的注意，法国科学院一致决定发表他的论文。第二年，拉瓦锡又因改良城市街道照明的设计而荣获科学院的金质奖章，正是这件事促使拉瓦锡下决心投身科学。他毅然放弃律师职务，开始专心从事科学研究工作。

18 世纪后半叶，化学理论相当混乱，

拉瓦锡对化学的最大贡献在于，他把化学革命的思想引入了化学理论领域。

主要原因在于当时统治化学理论领域的燃素说。拉瓦锡用金属燃烧增重的实验公开对燃素说进行质疑，并发现燃烧的本质，最终把统治化学界近80年之久的燃素说彻底推翻了，他用崭新的燃烧理论给化学研究带来了一系列的革命。

拉瓦锡正在全神贯注地做实验。

拉瓦锡在研究中一直遵循"没有充分的实验根据，从不推导严格的定律"的原则。这种尊重科学事实的思想，使他能把前人所做的一切实验看做只是建议性质的，而不是教条，从而批判地继承了前人的工作成果，敢于进行理论上的革命。拉瓦锡的科学思想和科学方法，长期以来一直是人们学习和研究的内容。

1768年，拉瓦锡被任命为法国皇家科学院的副会员，这时，科学研究已成为他生活的重要内容。为了获得科学研究的经费，拉瓦锡违心地当上了一名"包税人"，同时也结识了包税公司经理的女儿——金发碧眼的玛丽。1771年，拉瓦锡与13岁的玛丽结婚了，玛丽性情温柔，多才多艺，常常陪伴在拉瓦锡身边，帮助他一起做实验。拉瓦锡的著作里的许多插图都是他的妻子亲手绘制的。虽然他们一生没有孩子，但他们生活得非常愉快，这为拉瓦锡更好地从事科学研究创造了安宁愉快的气氛。

此后，拉瓦锡逐渐在化学研究上取得了重大的突破，成为著名的化学家，引领了一场化学革命。就在拉瓦锡的巨著《化学纲要》出版这一年，法国大革命爆发了。当革命越来越失去控制的时候，许多科学家都受到迫害，拉瓦锡作为一名著名的科学家，也没能幸免，他以阴谋反对人民的罪名被捕入狱，并被判处死刑。在草率的审判中，一位好心的律师提醒法官："拉瓦锡先生可是一位全欧洲闻名的科学家啊！"可大法官回答："共和国不需要科学家。"

1794年5月8日，拉瓦锡被送上了断头台，科学界的一颗巨星就这样陨落了，同时代的人以及后人无不扼腕痛惜。

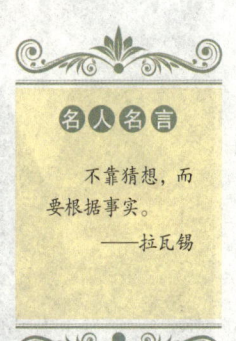

名人名言

不靠猜想，而要根据事实。
——拉瓦锡

伏特
改变电学面貌的使者

伏特是意大利物理学家、化学家,他的主要成就是发明了伏特电堆。伏特的成就受到各界普遍赞赏,科学界用他的姓氏命名电势差(电压)的单位——"伏特",简称"伏"。

亚历山德罗·伏特,于1745年2月18日出生在意大利科莫城的一个贵族家里。他从小就喜欢与人争论,因此培养了良好的口才。16岁以前,伏特已经掌握了很多种语言,但他最感兴趣的还是自然科学,尤其是物理学、化学和电子学。

伏特24岁时开始发表科学论文,在静电研究中初露头角。1774年,伏特被聘为科莫大学预科物理学教授。次年,他发明了起电盘,可以替代莱顿瓶储存电荷。1778年,伏特发现并分离出甲烷气体,被任命为帕维亚大学自然哲学教授。1782年,伏特成为法国科学学会的一名成员。

1800年,经过多年的反复实验,伏特终于发现,经过酸浸的金属会产生更强的电效应。根据这个发现,伏特做了许多锌板和铜板,然后将一块锌板和一块铜板放在一起,再用一块浸透酸的呢绒压上,以后不断照此一层层重复,叠到30层左右,形成一个柱状,便产生了很强的电池。这是人类历史上首次获得的持续电流,当时称"伏特电堆"或"伏特柱"。

由于伏特的贡献巨大,当时的法国执政官拿破仑于1801年9月26日特地召伏特到巴黎参加一次学术会议。在那次会议上,伏特当众做了实验演示,拿破仑提名他为法国研究院院士,还授予他一笔奖金和一枚特制的金质奖章。

1815年,伏特被任命为帕维亚大学哲学系主任。4年后,为了能与家人团聚,伏特回到家乡科莫休养。1827年3月5日,伏特病逝,享年82岁。

伏特画像

詹纳
天花病毒的克星

詹纳是英国杰出的医生,牛痘接种法的发明者。他是第一个应用免疫法为人类消灭传染病的人,从而掀开了全人类对抗传染病的新篇章。因此,他的名字永载史册。

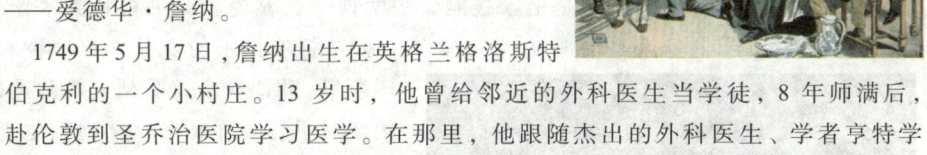

詹纳在家乡为人们治病

天花是一种烈性传染病,通过接触和飞沫就能传染。据史料统计,16～18世纪曾有数百万人死于天花。牛痘接种法的发明与推广,终于赶走了这个瘟神,成为医学史上划时代的事件。而它的发明者,就是18世纪英国一名普通的乡村医生——爱德华·詹纳。

1749年5月17日,詹纳出生在英格兰格洛斯特郡伯克利的一个小村庄。13岁时,他曾给邻近的外科医生当学徒,8年师满后,又赴伦敦到圣乔治医院学习医学。在那里,他跟随杰出的外科医生、学者亨特学习了生物学和解剖学,并深受亨特严谨的作风和实验主义观点的熏陶和影响。

1773年,詹纳返回家乡,开始了行医生涯。5年后,他加入当地的格洛斯特郡医学会,并大力倡导医学学术活动。由于天花肆虐,詹纳于1780年开始进行牛痘预防天花的试验观察。1792年,詹纳获得圣安德鲁大学医学学位,并获得正式外科医师执业资格。

经过长达16年的摸索后,1796年5月14日,詹纳一改以往谨慎行事的作风,大胆跨出了关键性的一步,第一次给人体进行牛痘接种。试验的成功,证实了牛痘预防天花的作用,由此拉开了向天花宣战的序幕。

同时,各种反对言论也像污泥浊水一样铺天盖地而来。面对各种势力的攻击和中伤,詹纳保持沉默,在家乡继续为村民们免费接种牛痘。忙碌之余,詹纳也到各地宣扬种痘的好处。短短几年时间,牛痘接种法已为世人所承认和赞誉。

1802年,英国议会为了对詹纳表示感谢,授予他一笔一万英镑的奖金,几年后又追加了一笔两万英镑的奖金。1823年初,詹纳在家乡伯克利逝世。

歌德

德国最伟大的诗人

歌德是世界文学史上最杰出的作家之一，德国最伟大的诗人、思想家、剧作家。他的创作把德国文学提高到欧洲的先进水平，被恩格斯推崇为文艺领域里"真正的奥林匹亚神山上的宙斯"。

哲学家谢林曾说："歌德活着的时候，德国就不是孤苦伶仃的，不是一贫如洗的，尽管它虚弱、破碎，它精神上依然是伟大的、富有的和坚强的。"

1749年8月28日，歌德出生于德国莱茵河畔的法兰克福。他的父亲是皇家顾问、法学博士，喜爱收藏书籍和美术作品，母亲是当时法兰克福市长泰克斯尔扎尔的女儿。在这种家庭环境里，歌德从小就受到艺术的熏陶。父亲对歌德寄予厚望，从他出生起就有计划地对他进行教育，因此，歌德8岁时就能阅读德文、法文、英文、意大利文、拉丁文、希腊文等多种文字的书籍。

1765年8月，在父亲的坚持下，歌德违背自己学习古典文学的意愿，到莱比锡学习法律。1770年4月，他转到斯特拉斯堡大学继续完成学业。后来，他在一次舞会上认识了夏绿蒂和她的未婚夫。歌德很喜欢夏绿蒂，但他知道自己没有希望，所以非常苦恼。1774年，他以夏绿蒂为素材写成了优秀的小说《少年维特之烦恼》。

歌德一生跨越了两个世纪，正值欧洲社会大动荡、大变革的年代。他不断吸收先进思潮，从而创作出许多优秀的文艺作品。

1775年，歌德在法兰克福与16岁的丽莉·斯温曼订婚，但终因家长反对而未能结成连理，但这段感情却促使他写成了《丽莉之歌》。1775年11月，应卡尔·奥古斯特公爵的邀请，歌德来到魏玛，次年进入魏玛宫廷参政，开始了他近10年的政治生涯。

歌德名著《浮士德》插画。浮士德和玛格丽特在花园里交谈。

在这里，他爱上比他年长7岁的有夫之妇史坦因，与她产生了一段炽烈的感情，后来又逐渐淡化。1786年9月，歌德开始了意大利之游，这为他日后的写作积累了丰富的素材。

1788年6月，歌德再次回到魏玛，认识了魏玛公国一位文书的女儿——克里斯蒂安·沃尔波乌斯。歌德对这位普通、单纯的姑娘产生了强烈的爱情，于是不顾宫廷贵族们的闲言碎语与之同居，并于次年生了一个儿子，取名为奥古斯都。直到儿子18岁时，他们才正式举行婚礼。

1794年，歌德与席勒成为好朋友，从此开辟了"以歌德和席勒的友谊为特征"的德国古典文学全盛时期。在10年时间里，他们在创作上互相帮助，各自写出了他们的名作。在席勒的促进下，歌德创作了巨著《浮士德》。两位文学巨人10年的相处与合作，把德国古典文学推向了高峰，并使魏玛这座小小的公国都城一跃成为当时德国与欧洲的文化中心。

1821年，歌德开始编辑自己的生平著述。1823年，歌德因心脏病前往玛丽恩巴德疗养，认识了少女乌尔莉克，求婚被拒后，写下抒情诗《玛丽恩巴德哀歌》。1828年6月，歌德的靠山魏玛公爵逝世，这对歌德是个沉重的打击。1830年10月27日，他的爱子奥古斯都也死在意大利的罗马，老年丧子之痛使他陷入了无限的悲伤之中。

1832年3月16日，由于受凉感冒，歌德卧病在床。3月22日，这位伟大的诗人溘然长逝，享年83岁。

名人名言

事业最要紧，
名誉是空言。
——歌德

莫扎特
音乐史上的奇才

莫扎特是欧洲维也纳古典乐派的代表人物之一。虽然他只活了35个年头，但他留给后人许多梦幻般的美好、憧憬和抚慰。如今，从他笔下流出的每一段音符，都已成为音乐史上的经典之作。

莫扎特是一个充满激情的人，他在音乐上的贡献是极其巨大的。在他短暂的一生中，共创作了600多部音乐作品，对于一个音乐家来说，这个数目是相当惊人的。他是当之无愧的"音乐奇才"。

1756年1月27日，沃尔夫冈·阿梅丢斯·莫扎特诞生在奥地利小城萨尔兹堡一栋五层楼的分租公寓里。他的父亲在当时皇室的宫廷乐队中任乐师，母亲也出身于音乐世家，有着良好的音乐素养。

年幼的莫扎特就显示出了过人的音乐天赋。莫扎特4岁时，在父亲的指导下很快就能弹奏小步舞曲，5岁时，他作出了生平的第一支乐曲——小步舞曲。父亲发现他惊人的音乐天赋后，于1762年1月带着年仅6岁的莫扎特和10岁的女儿南内尔，开始了漫长的欧洲旅行演出。在数场演出中，莫扎特的音乐才能得到了充分展示，同时也被冠以"音乐神童"的美誉。

长期的旅行演出，虽然使莫扎特困顿不堪，但也使他大大拓宽了视野。在法国期间，莫扎特领略到宗教音乐的魅力，创

年轻的莫扎特在演奏风琴

作了不少音乐作品，出版了最初的4首小提琴和钢琴奏鸣曲，这时他才只有7岁。在英国，他欣赏到了亨德尔的清唱剧，受到德国作曲家巴赫的指导，并在这里出版了6首古钢琴和小提琴奏鸣曲、3部交响乐及1部包括43首小型作品的曲集。在意大利，他聆听了著名的多声部合唱《赞美歌》后，竟凭记忆写出了全部多声合唱的总谱，因此罗马教皇授予他"金距轮"奖章和骑士称

莫扎特是名副其实的"音乐神童"，他13岁时就创作出了80多首曲子，每次演奏都有许多观众。图中演奏风琴者就是莫扎特。

号。1770年8月，鲍伦亚音乐学院又授予他院士的称号。同年12月，莫扎特的歌剧《米特利达特·黑海王》在米兰歌剧院上演成功，他终于实现了自己钟爱的歌剧梦想。

1772年，16岁的莫扎特终于结束了长达10年之久的漫游生活，回到家乡萨尔斯堡，在大主教的宫廷乐队里担任首席乐师。尽管莫扎特享有极大的荣誉，可在大主教眼中，他不过是一个普通的奴仆。

1781年6月，莫扎特与大主教公开决裂，成为欧洲历史上第一位公开摆脱宫廷束缚的音乐家。在当时的社会条件下，这种举动无疑极其大胆而英勇。因为，这意味着艰辛、饥饿甚至死亡。

1785年，莫扎特读了一本名为《费加罗的婚礼》的小说后，难以抑制自己激动的心情，于1786年全速谱写《费加罗的婚礼》，用其美妙的音乐手法描写了剧中平民与贵族之间新颖有趣的情景，这部社会性喜剧对封建贵族制度的揭露和讽刺起着很大的作用。

1788年，莫扎特回到维也纳，他在不到几个月的时间内，创作出了最后3部交响曲——《降E大调交响曲》《G小调交响曲》和《朱庇特交响曲》。这些曲子拥有成熟丰富的灵感构思，是莫扎特最能给听众以感官享受的作品，也是他的巅峰之作。

1791年深秋，在完成最后一部歌剧《魔笛》后，莫扎特不顾重病，凭着一股狂热的干劲开始创作大型宗教音乐作品《安魂曲》。然而，他还没写完，健康状况就迅速恶化。1791年12月5日，年仅35岁的莫扎特离开了这个世界。

名人名言

很多人是用青春的幸福作成功的代价。

——莫扎特

道尔顿
近代原子学说的创始人

道尔顿是英国物理学家、气象学家、著名化学家。他首创了用化学元素符号表示元素的方法，并编制了世界上最早的原子量表。此外，由于他的提议，人们开始对色盲症进行研究。道尔顿用勤奋努力的汗水，奠定了他在世界科学史上的里程碑地位。

艰苦奋斗、追求科学真理是道尔顿一生的写照。他性情孤僻，沉默寡言，然而对科学却一往情深。在50多年中，他完成著作50多部，发表科学论文116篇，是科学界的"常青树"。

1766年9月6日，约翰·道尔顿出生在英国坎伯兰的伊格尔斯菲尔德村。他的父亲是一名纺织工人，养活着6个子女，家庭十分拮据。由于交不起学费，道尔顿被迫中途辍学，从12岁开始在教会学校教书，同时受雇干农活。1781年，15岁的他应表兄之邀，在表兄办的学校里做助理教师，几年后，表兄退休，道尔顿接替了校长的职务。在此期间，道尔顿在学者豪夫的辅导和鼓励下，学到了许多科学知识。同时，他开始对自然界进行观察，搜集动、植物标本，特别是每天详细记录气候变化。这为他日后从事科学研究打下了坚实的基础。

1793年，道尔顿出版了他的第一部科学著作《气象观测文集》，对气象学的发展起了一定的启蒙作用。同

道尔顿既具有敏锐的理论思维头脑，又具有卓越的实验才能，尤其是在对原子的研究方面取得了非凡的成果，成为近代化学的奠基人。

年，曼彻斯特文学哲学学会创办的新学院聘道尔顿为讲师，讲授数学和自然哲学。曼彻斯特交通便利，文化发达，在这里很容易接触到新知识，加速了道尔顿在科学上的成长。然而，这所新学院只看重道尔顿的名声，却无意于培养他，安排给他的教学任务很重，根本没有时间从事科学研究，道尔顿为此非常烦恼。于是，他于1799年毅然辞掉了讲师的职务，租房建立了自己的实验室，并一边学习研究，一边招收了几位学生私人授课。在这里，道尔顿完成了原子论的实验证明和他的名著《化学哲学新体系》。

道尔顿的实验室里摆放着许多自己吹制出来的玻璃器皿，被他视为珍宝，呵护备至。

道尔顿凭着敏锐的科学头脑和卓越的实验才能，将原子学说引入科学主流，指导化学走出了杂乱的、纯属描述自然现象的阶段，进入了现代化学的新时代，而且为整个自然科学的发展提供了重要的基础，将人们带入了一个真空的原子世界。

由于化学原子论的创立，道尔顿赢得了许多荣誉。1816年，他被选为法国科学院通讯院士；次年，又被选为曼彻斯特文学哲学学会会员；1822年，被选为英国皇家学会会员；1826年，英国政府授予他金质奖章；1832年，牛津大学授予他最高荣誉——法学博士学位。此外，他还被柏林学院和慕尼黑学院选为名誉院士。

道尔顿的一生是清苦的，他终生没有结婚，完全将生命献给了崇高的科学事业。1837年，道尔顿患了轻度中风，行动不方便，但他仍坚持做实验并继续教课。1842年，已经76岁的道尔顿最后一次参加英国科学促进会的年会。当会员们关切地询问他的身体状况时，他说："我还能做化学实验，不过每一次实验所费的时间，要比过去多三四倍；我的计算能力虽然衰退，算起数来很缓慢，但还能计算。"

1844年7月27日清晨，道尔顿在笔记本上记录了当时的气压和温度，在"微雨"两字之后，滴下了一大滴墨水，他的手腕再也握不住笔了。次日清晨，道尔顿带着淡淡的微笑走完了自己忙碌而充实的一生。

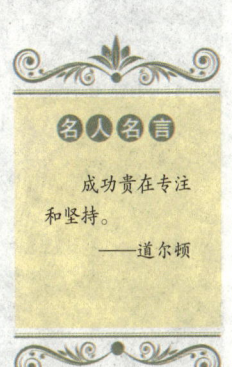

名人名言

成功贵在专注和坚持。
——道尔顿

拿破仑

叱咤欧洲风云的枭雄

拿破仑是人类历史上最具魅力的狂飙人物，他是杰出的政治家和军事家，法兰西第一帝国的创建者，历史因他而显得分外精彩。他颁布的《拿破仑法典》，确立了资本主义社会的立法规范，至今仍是大多数国家法律的蓝本。

拿破仑是最受崇拜的历史人物之一，也是最令人热血沸腾的人物，因为他是一位无与伦比的天才军事家。拿破仑的一生几乎都是在战争中度过的，他从一个不起眼的科西嘉岛民，一跃成为世人瞩目的法兰西帝国的缔造者，叱咤欧洲20余年。他因为出色的作战才能而成为杰出的政治军事家，并跻身皇帝之位，又因作战失败而退位和被流放。但无论是功与过，还是成与败，法国人，乃至全世界人都会经常提起他，赞颂他。

拿破仑执政时的英姿

1769年8月15日，拿破仑·波拿巴出生在科西嘉岛阿雅克修城一个贵族家庭。他从父亲那里继承了机智与敏捷，从母亲那里继承了骄傲、勇敢和细心。家族的辉煌与荣耀促使拿破仑从小就立志做一个不平凡的人。

1779年，拿破仑被送入布列纳军事学校学习。1784年10月，又进入巴黎军校学习，专攻炮兵学。在军校学习期间，拿破仑尤其喜爱学习数学、军事和历史。1785年9月，从巴黎军校毕业后，拿破仑任炮兵少尉，在法国南部炮兵团服役。4年后，法国大革命爆发，在其后几年中，新的法国政府陷入了数场对外战争中。

在1793年的土伦包围战中，拿破仑首次展示了自己的军事才能，他将英军赶出土伦，被雅各宾政府破格提升为准将。1799年11月9日，在多数督政官的支持下，拿破仑发动了"雾月政变"。之后，由西哀耶斯、罗热·迪科与拿破仑同为临时执政，12月，颁布共和八年宪法，新宪法规定"拿破仑公民为第一执政"。1802年8月，元老院同意拿破仑为终身执政。1804年11月6日，法兰西共和国改为法兰西帝国，拿破仑为法兰西皇帝，称拿破仑一世，同年12月2日，拿破仑一世加冕称帝。

图中描绘的是马仑格战役。拿破仑领导下的法军冲锋陷阵，最终击败了奥地利军队。

随着法兰西帝国的强盛，拿破仑将反封建的民族战争转变为对外掠夺其他民族的侵略战争。1806年11月20日，他颁布大陆封锁令，对英国实行全面封锁。1807年11月，又率领大军强占葡萄牙，由此引起了1808—1814年的反抗拿破仑的西班牙战争。1808年3月，拿破仑率领数万法军进军西班牙首都马德里。5月2日，马德里人民举行起义，7月19日，两万法军在拜兰投降。1812年6月24日，不吸取失败教训的拿破仑又开始入侵俄罗斯帝国，9月，数十万法军占领了莫斯科，但俄国人民奋起反抗，拿破仑军队几乎全军覆没。

1814年3月31日，反法联军攻占巴黎，法兰西第一帝国土崩瓦解，拿破仑被流放至地中海的厄尔巴岛，他3岁的幼子继承了皇位。

1815年3月20日，这个军事天才再次创造了历史罕见的奇迹，他不费一枪一弹攻进了巴黎，重新登上皇帝宝座，开始了他的百日统治。欧洲各国又组成了第七次反法同盟。1815年6月18日，法军在滑铁卢战役中兵败，拿破仑再次退位，被流放到大西洋圣赫勒拿岛。

1821年5月5日，圣赫勒拿岛上掀起了最猛烈的风暴，太阳落山时分，拿破仑停止了呼吸，终年52岁。1861年4月，拿破仑一世的灵柩被安置在巴黎的圆顶大堂。

名人名言

不想当元帅的士兵不是好士兵。
——拿破仑

贝多芬
音乐大师

贝多芬是音乐史上最伟大的音乐家之一，为世界留下了许多具有深远影响的作品。同时，他也是一位昂扬的斗士，贫穷、疾病、孤独伴随他的一生，但他却用痛苦给世界创造了欢乐。人类将永远铭记这位音乐奇才。

路德维希·凡·贝多芬于1770年12月16日生于德国科隆附近的波恩，父亲是一个天性顽劣而酗酒的男高音歌手，母亲是一个富人家的仆人。贝多芬在很小的时候就展示出了极高的音乐天分，但生活的重担让他过早地承担了家庭的责任。

贝多芬17岁时，母亲去世，他担负起了照顾两个弟弟的责任。不久，欧洲大革命爆发了。贝多芬当时处于音乐的尝试期，从革命的浪潮中获得了很多启发，他读了荷马、莎士比亚等伟大作家的作品，并把这些人文思想运用到自己的音乐创作中。22岁那年，他离开了波恩，前往音乐之都维也纳。那时他变得很自信，经常出入贵族家庭演奏音乐，在经济上已经完全独立了，并且得到了人们的尊重，他尽情地享受着音乐带给他的快乐。从维也纳开始，贝多芬走上了一条通往成功的路。

后来，他师从音乐家海顿，但他在海顿身上获得的东西是基于友谊上的帮助和艺术上的立场，他没能从海顿那里学习作曲，因为海顿无法教给他音乐创作之类的东西。所以，他又跟约翰·舒乃克学习作曲方法，为他的音乐创作奠定了基础。

贝多芬代表着一个时代的最强音

贝多芬在维也纳的头10年，创作出了一些名曲。这一时期，他对社会和政治等问题又有了进一步的了解，并且能在音乐中得以充分表达。虽受耳疾的困扰，但他仍然没有放弃对音乐的追求。1801年，他爱上了朱丽埃塔·圭恰迪妮，为她作了那首著名的《月光奏鸣曲》，而自己的残疾和圭恰迪妮的稚气与自私并未使他们结合，这些都使贝多芬苦恼。

1802年的夏季，贝多芬去海林根城度假，这一时期他开始向命运抗争，《第二交响曲》就在这样的情况下完成。他的创作热情继续高涨，他将自己所独有的坚毅精神表现在《第三交响曲》（即《英雄交响曲》）中，这首交响乐就像贝多芬个人经历的一部自传。

优美的田园风光给了贝多芬无限的灵感，图为贝多芬在田园里创作《第六交响曲》时的情景。

1807年末至1808年初，贝多芬完成了自己最为著名的作品之一《第五交响曲》（即《命运交响曲》）。他在交响曲第一乐章的开头，便写下一句引人深思的警语："命运在敲门"，并被世人引用为本交响曲具有吸引力的标题。这首乐曲声望非常高，演出次数颇多，可谓交响曲之冠。1808年，他的另一部代表作《第六交响曲》（即《田园交响曲》）问世，整首曲子朴实无华，宁静而安逸，得到了听众的大力赞扬。

1810年，贝多芬爱上了茜丽柴·玛尔法蒂，并为她写了一首独奏的钢琴小品《A小调巴加泰勒》，这就是后来著名的钢琴曲《致艾丽丝》。爱情的狂热为贝多芬带来了灵感，《第七交响曲》和《第八交响曲》就是在这样的状态下完成的。

当贝多芬创作最为辉煌的《第九交响曲》（即《欢乐颂》）时，他的耳朵已经全聋，身体状况十分恶劣，但他以超人的毅力，用6年的时间将此作品完成。《第九交响曲》的胜利，在贝多芬的心中留下了光荣的标记，因此，他在此后几年的音乐创作中，每支曲子都以一副新的面目呈现在世人面前。

贝多芬虽然一生都受疾病的折磨，但他却在痛苦中寻找欢乐，为我们留下了许多不朽的音乐作品。1827年3月26日，贝多芬永远闭上了双眼，他终于脱离了疾病的缠绕，同时也不得不与钟爱一生的音乐挥手告别。

安培

电动力学的先创者

我们所熟知的安培是表示电流的单位,它是以法国的物理学家安培的名字命名的。安培在他的一生中,只有很短的时期从事物理学工作,可是他却能以独特、透彻的分析,论述带电导线的磁效应,因此被称为"电动力学的先创者"。

安培1775年生于法国里昂一个富商家庭,他天资聪明,被人称为神童,早在12岁时,就已显现出很高的数学天赋。他跟随著名数学家拉格朗日学习数学,很快掌握了丰富的数学知识,并且在哲学、历史、文学等方面都有着较深的造诣。

然而,法国大革命的到来中断了安培平静的少年生活。1793年,他的父亲在大革命中被处死,年仅18岁的安培失去了生活的依靠,不得不一边工作一边学习。后来,他成为一位教员,教授中学物理和数学。

安培24岁时又受到了一次打击,他的妻子因病去世。在很长的一段时间里,安培非常绝望,他变得消沉、忧郁。"真正的英雄绝不是没有卑下的情操,只是永不被卑下的情操所屈服罢了。"这位天才的物理学家最终走出了悲伤的阴影,重新振作起来。他离开了里昂那个令他伤心欲绝的地方,前往巴黎,开始系统地进行科学研究。

丹麦物理学家奥斯特在1820年4月的一次晚间讲演中,无意之中将灵敏的指南针放在了一条非常细的铂导线下边。接通电源的瞬间,奇迹出现了:磁针竟

安培不仅在电磁作用方面的研究成就卓著,而且在数学和化学方面也作出了贡献。

然晃动了一下。奥斯特惊喜万分，又反复实验，他发现磁针在电流周围都会偏转，于是发表了《关于磁体周围电冲突的实验》的论文，向学术界宣告了电流的磁效应，引起了世界物理学界的震动。

安培深受奥斯特的启发，多次重复了奥斯特的实验，终于发现了电流的方向和它产生的磁场方向有着一定的关系，可以用右手来表示它们之间的关系，这就是著名的右手定则。

图为安培计，也称安培表或电流表，是用来测量电路中电流的仪器。

安培的可贵之处，就在于他善于思索。当他发现了电流的方向和它产生的磁场方向的规律后，他又设计了一个实验，证实了两股电流各自产生的磁场也会相互施加作用力，并且推断出作用力的数学计算方法，这就是我们今天熟知的安培定律。

此后，安培又研究了通电螺线管的特性，为现代电磁铁的制作提供了原型。

1821年，安培进一步提出了分子电流假说。新学说在当时却不为人所重视，因为还没有人能够站在这位科学巨匠的高度去认识物质的电结构。但是70年后，随着科学的进一步发展，人们终于证实了安培的假说，从而揭开了磁现象的电本质。

1827年，安培出版了他的《由实验导出的电动力学现象的数学理论文集》一书。这是电磁学史上一部重要的经典论著。在书中，他系统地提出了"电动力学"的概念，并引进了"电静力学"的概念来总结过去关于静电荷的研究，并且一直被沿用到今。

1836年6月10日，安培在因公前往马赛的途中不幸去世。因为他发现了电流的磁效应，所以使测量电流的大小成为可能，从而使电动力学真正走上了定量实验的发展道路。人们为了纪念他在电学上的贡献，将电流的单位命名为"安培"，使其名垂青史。

达盖尔
摄影之父

达盖尔是法国发明家,他拍摄出了世界上第一张光学照片。艺术家的气质和执著的追求成就了达盖尔事业的成功,他为摄影史开启了光辉的一页。

浪漫而富有艺术气质的法国人在18世纪时,一直致力于摄影技术的研究,达盖尔的出现让这一美丽的梦想变成了现实,使摄影技术深入人类生活的方方面面。

1787年11月18日,雅克·达盖尔出生在法国巴黎附近的高梅依里,这是一个到处充满艺术元素的城市,他在这里度过了自己的童年生活。1803年,他来到法国巴黎歌剧院给总设计师当助手,后来又给全景画家作助手,在外出写生时,他也经常使用当时很流行的针孔暗箱。并且,他还设计出一种"暗箱式万花筒",把暗箱的原理应用到剧场的布景设计上,他把风景画通过阳光映在幕布上。后来,他在暗箱里装上磨光镜头和反射镜,使幕布上的布景更加逼真动人,他一直想把影像永远固定在幕布上,于是在这个方面不断做着研究和试验。

达盖尔银版法,又称银版照相法,人们公认它是照相的起源。原理是在研磨过的银版表面形成碘化银的感光膜,于30分钟曝光之后,靠汞升华显影而呈现图像。

因为达盖尔只接受过有限的正规教育,缺乏物理和化学知识,所以研究进展缓慢。1827年,一位名叫尼普斯的科学家发现了一种显影的方法:将沥青和薄荷油混合液涂在金属版上,但是这种方法不易获得成功。达盖尔在借

鉴尼普斯成功经验的基础上，对感光材料和摄影术进行着不断的研究。1835年，达盖尔取得了革命性的突破，他将一块进行过化学处理的银版放入照相机，没等影像在板上出现，就马上把它抽出来，放到水银蒸气中显影，影像很快就出现了。这次虽然取得了成功，但影像却不能永久保存。1837年，他将这套方法的知识产权卖给了法国政府，从而阻止了这项发明自由地流入世界，达盖尔也因此受到了法国政府给予的终生补助。

图为达盖尔拍摄出的人类历史上第一张照片

1838年，达盖尔在铜板上涂上碘化银，成功地研制出了摄影技术上最早的银版感光材料。但是，显影技术的研制虽然花费了达盖尔很多的时间，而最终的成功却源于一次偶然的发现。1839年的一天，达盖尔正在用碘化银薄片在太阳下感光，忽然间风云突变，满天的乌云遮住了太阳。无奈之下达盖尔只好将这张感光不足的薄片暂时放进了一个装着各种化学药品的箱子里。3天后，当他再次准备将薄片感光时，却惊奇地发现薄片显示出了非常清晰的图像。经过仔细的观察和分析，他终于找到了答案：原来是从打碎了的温度计里流出了一些水银，散落在药柜里，正是这些水银起了显影的作用。经过反复试验，达盖尔终于证实了自己的猜想。于是他将碘化银薄片进行短时间的感光，再用少量水银显影，最后使用苏打碱溶液冲洗定影，就获得了清晰的照片。经过多年的研究，达盖尔终于发明了完整的摄影技术。

1839年8月15日，达盖尔向法国社会各界展示了他拍摄出来的世界上第一张光学照片，整个巴黎立即被轰动了。退休以后，他一直研究轻便快速的感光版。1851年，达盖尔在法国去世。

图为达盖尔银版相机

如今，摄影技术已经被广泛运用于每一个科研领域，在工业和军事上都有着许许多多的应用，是人类历史上最具有实际意义的发明。

法拉第
电磁学的奠基人

法拉第是英国著名的科学家,他一生并未受过正规教育,但却凭借着自己的勤奋努力和不懈追求最终带给了人类许多化学、电化学、电磁学等领域的新发现。历史将永远记住这位伟大的科学家。

法国作家大仲马这样评价法拉第:"他的为人异常质朴,爱慕真理异常热烈,对于各项成就,满怀敬意;别人有所发现,力表欣羡,自己有所得,却十分谦虚。"

1791年9月22日,迈克·法拉第出生于英国伦敦郊区的纽因顿。由于家境贫寒,法拉第13岁就开始帮助父亲做铁匠工作。当时英国的图书出版业很发达,因此,图书装订行业收入颇丰,于是父亲后来将法拉第送到书店当学徒。乘此机会,法拉第在工作之余完全沉浸在读书的乐趣之中。

学徒期满的法拉第在一家印刷店里当装订工。一个很偶然的机会,他得到了一张科学演讲会的入场券,会场设在皇家学院,演讲者则是当时名气很大的戴维。戴维的雄辩口才和卓越才华深深地吸引了法拉第,他发现自己竟然能听懂戴维的演讲,这让他很兴奋。至此,法拉第决定离开印刷店,投身科学。于是他给皇家学会写了一封信,希望能到皇家研究院的实验室里工作,但信寄出后一直没有消息。后来他得知

图为法拉第在进行实验演示讲座

戴维在一次实验中炸伤了眼睛,需要一名抄写员帮他整理实验记录和文稿,便争取到了这份工作。戴维眼伤恢复后,法拉第又回到期刊装订部工作。

1813年1月,法拉第又大胆地给化学家戴维写信,并把自己曾抄得很工整的演讲记录寄给他。戴维很快回信给他,并竭力推荐他去皇家学院的实验室,至此,科学的大门终于向他打开了。后来,法拉第同戴维夫妇去欧洲考察,在近两年的考察中,他眼界大开,获得了许多教育之外的东西,为他在事业上的成功奠定了坚实基础。回国后,他继续投入研究中,1816年起,他连续3年发表了18篇论文,在科学界崭露头角。

法拉第在皇家学院的实验室内进行实验研究

1821—1831年,法拉第重点研究怎样将磁变成电的问题。他在研究中发现,变化的磁场在导体中能够产生电流,这个发现被称为电磁感应。既而,法拉第对牛顿的"空间除了粒子以外什么也没有"的说法表示怀疑。他在一根磁棒周围撒了一些铁屑,铁屑被磁化成无数个小磁针,它们所指示的方向都是磁棒周围对着磁棒作用力的方向,因各点方向不同,所以形成一条条的曲线。法拉第把这些曲线叫做"力线",并用实验证明,两个磁极之间的空间充满着力线,他把这个充满磁力线的空间称为"磁场"。现代化的发电机都是根据法拉第的电磁感应原理制成的。

此外,法拉第在化学方面也作出了不少贡献,他发明了使气体液化的方法,成功地液化了氯气,接着又实现了硫化氢、二氧化氮等气体的液化。在电化学的方面法拉第更是做出了开创性的工作,电解、电极、阳极、阴极等名词都是由法拉第最先提出的。

法拉第一生的发明、发现共计158项。然而,面对接踵而来的各种荣誉,他始终虚怀若谷。1867年8月25日,法拉第去世,永远离开了他热爱的科学领域。遵从他的遗愿,墓碑上只刻有他的姓名和生卒日期,但是并不影响生活在电气时代的人们永远记住他!

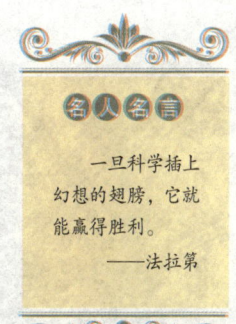

名人名言

一旦科学插上幻想的翅膀,它就能赢得胜利。
——法拉第

巴尔扎克
法国大文豪

巴尔扎克是19世纪现实主义文学最杰出的作家之一，他的许多经典名著已成为世界文学史上不朽的作品。恩格斯曾经这样评价巴尔扎克："我认为他是比过去、现在和未来一切作家都要伟大的现实主义大师。"

巴尔扎克是欧洲现实主义文学的奠基人和杰出代表，他生活在法国大变革、大动荡时期，因此，他的作品大都表现了那个时期人们的生活，揭露了资本主义的罪恶以及人与人之间赤裸裸的金钱关系。

1799年5月20日，天才作家奥瑙利·德·巴尔扎克诞生于法国中部的图尔城，父亲是1789年法国大革命后的暴发户，母亲是巴黎银行家的女儿。巴尔扎克一出生便生活在法国大动荡、大变革时期，他经历了拿破仑执政、波旁王朝复辟、第二共和国3个时期。家庭环境和社会环境为他以后的文学创作提供了丰富的素材。

> 1807年，8岁的小巴尔扎克被送往旺多姆的一所寄宿学校。在旺多姆学校，小巴尔扎克接受了6年僧侣式的教育，由一个面颊红润的孩子变成了一个身体瘦弱、神经紧张的半大小伙子。

巴尔扎克中学毕业之前一直寄住在外，没有母爱和家庭温暖的童年生活使巴尔扎克刻骨铭心。1814年，他随同全家迁居巴黎，两年后，巴尔扎克考入巴黎大学法律系。在大学期间，巴尔扎克阅读了大量的书籍，其中包括历史、哲学、文学等。巴黎的生活扩大了巴尔扎克的

视野，使他看到了法国资本主义社会的罪恶。大学毕业后，他不顾父母反对，毅然放弃了律师的风光职业，而选择了艰辛的文学创作道路。但是文学并不能让他过上衣食无忧的生活，从1825年起，为了能发大财，巴尔扎克经营印刷厂、办书局、开银矿……结果，他债台高筑，被警察四处搜捕，走投无路时，他又开始回到文学创作中。

1829年，巴尔扎克完成了一部历史小说《朱安党人》，这是他的第一部重要作品，也是《人间喜剧》的第一部，标志着巴尔扎克的创作风格开始从浪漫主义转变为现实主义。1830—1831年，巴尔扎克创作了23部小说，著名的有《苏城舞会》和《驴皮记》。此外，他还写了近200篇杂文、小品、随笔、政论等，巴尔扎克一时成了巴黎家喻户晓的人物。长篇小说《欧也妮·葛朗台》的发表则标志着巴尔扎克现实主义创作方法走向成熟。

《欧也妮·葛朗台》插图

1833年，巴尔扎克与出版商签订了12卷《19世纪风俗研究》合同，即《人间喜剧》的最初构想。此后的近20年是巴尔扎克创作的巅峰时期。在这段时期里，他以超人的毅力和才智，夜以继日地进行创作，终于完成了一部规模空前，内容丰富的惊世之作——《人间喜剧》。这部作品写尽了法国人民生活的各个层面，被称为"社会生活的百科全书"，为后人研究分析变革时期的法国社会提供了丰富的素材，是欧洲文学史上一座不朽的丰碑。同时，《人间喜剧》的序言是一篇创作宣言，是巴尔扎克现实主义创作理论的结晶，也是人类文化史、思想史上划时代的经典文献。

名人名言

苦难是人生的老师。

——巴尔扎克

巴尔扎克在晚年还创作了《幻灭》第三部、《贝姨》《邦斯舅舅》等十几部小说，其中《贝姨》是他晚年的杰作。

1850年3月14日，巴尔扎克与德·韩斯迦夫人在乌克兰举行了婚礼。然而，同年的8月18日，51岁的巴尔扎克在巴黎病逝，被安葬在拉舍兹神甫公墓。

普希金

俄国文学之父

普希金是俄国文学史上最伟大的作家，他在诗、小说等文学领域中有诸多经典的作品。富有开创精神的一生使他成为俄国人民永远崇拜并引以为荣的艺术之神和民族之魂。

普希金于1799年6月6日诞生在莫斯科一个家道中落的贵族家庭，他的父亲热爱诗歌艺术，母亲是一个混血儿，普希金的童年是在一个充满文学气息的氛围中度过的。

1801年，俄国新沙皇亚历山大一世上台，他吸取前任教训，放松了外国书刊进入俄国的检查，并开办了一些新的高等学校，欧洲思潮和文学思潮大量涌入，因此，俄国出现了一次小小的"文艺复兴"。1811年，普希金在皇村中学上学，在学校里他接受了进步教师所传播的先进思想，并逐渐形成自己的政治观点和文学观点。在校期间，普希金经常和同学们一起写诗，成为公认的最有才华的诗人，此间他发表了第一篇诗作《致诗友》。

毕业后，普希金被分配到外交部任职。但他无意仕途的腾达，一心扑在了文学创作上，写了一系列的政治抒情诗。《自由颂》是他这一时期的著名作品，但在当时并未发表，因为里面有让沙皇感到害怕

普希金有着卷曲的黑发，突出的前额，微黑的脸庞，炯炯有神的眼睛，南北血缘的交融为俄国孕育出了这位最伟大的天才诗人。

的诗句,不过它以手抄本的形式在社会上广为传诵。

1818年,普希金创作了一首著名的政治抒情诗——《致恰达耶夫》。这首诗是献给皇村时他结交的挚友恰达耶夫的,诗中充满了爱国主义激情,它所表达的已不再是诗人个人的情感,而是一代革命青年的共同心声。

普希金的政治诗在社会上产生了巨大影响,引起了当局的注意,他被流放到了南方。4年的流放生活唤起了他强烈的创作欲望。其中《高加索的俘虏》《强盗兄弟》《巴赫契萨拉依的喷泉》是他浪漫主义诗歌的杰作。1826年12月,普希金为西伯利亚苦役犯写了一首著名的诗——《寄西伯利亚囚徒》。1900年,列宁曾在《火星报》上把诗中的第二句用作刊头词,在中国,则将它译成"星星之火,可以燎原"。

图为1811~1817年的皇村中学。风光明媚的皇村,杨柳依依,舒适恬静的学习空间,给普希金留下了深刻的印象,并促使他完成了著名的长篇抒情诗——《皇村回忆》。

1827年,普希金完成了浪漫主义叙事长诗《茨冈》,这首诗表现了诗人对自由的赞美,是俄国文学中积极浪漫主义的巅峰之作,标志着诗人的创作由浪漫主义向现实主义的过渡。诗体小说《叶甫盖尼·奥涅金》创作于1823年冬天,直到1830年秋才完成。这部作品以它新颖的题材、灵活的结构、丰富多彩的语言在世界文学史中占据着重要的地位。1831年,普希金与美丽的冈察洛娃结婚。此间,他创作了历史小说《上尉的女儿》,这部小说是他的"压卷之作",具有很高的文学价值,成为世界古典文学中的经典之作。

长期以来,普希金猛烈抨击沙皇专制制度,引起了贵族们的强烈不满,他们采用各种手段对他进行打击报复。一次,他们让冒险家乔治·丹特士设下圈套,使普希金卷入一场决斗,最终普希金倒在了他的枪下。1837年1月29日,这位伟大的诗人因为负伤失血过多,永远离开了人世,年仅38岁。"俄国诗歌的太阳沉落了。"他的早逝令俄国进步文人大为感叹。

希望是厄运的忠实姐妹。
——普希金

雨果
文学巨匠

在19世纪这个造就伟人的世纪，雨果是璀璨群星中最亮的一颗，他的文学成就超越时空，光耀历史。雨果的身上凝聚了一个时代的精粹。他的作品无论是从体裁的驾驭上，还是对事物的观察、分析上，都成为文学中无与伦比的巨人。

雨果是法国最杰出的文学大师，是法国积极浪漫主义的一面旗帜。在他60多年的创作生涯中，为世人留下了许多优秀的文学作品。

维克多·雨果1802年2月26日生于法国南部的欠尚松城，祖父是木匠，父亲是共和国军队的军官，曾被拿破仑的哥哥西班牙王约瑟夫·波拿巴授予将军衔，是这位国王的亲信重臣。雨果很小的时候，就对文学表现出了独特的敏感，他对拉丁文和西班牙语的熟悉速度异于常人。在崇尚"自由教育"的母亲的指导下，雨果阅读了大量伏尔泰、卢梭、狄德罗等人的作品，给他日后为自由而战作了理论铺垫。

1814年，12岁的雨果开始接受正规的学校教育。在学校里，他的诗歌创作得到了学监毕斯卡拉的赞赏。1820年，年轻的雨果以出色的诗歌作品荣获了法国著名学府图卢兹学院的金百合花奖和金鸡冠花奖，而且还成为了学院中最年轻的院士。1822年，雨果的第一部书《短歌集》出版，诗集的一版再版让雨果名利双

> 雨果是19世纪浪漫主义文学运动领袖，人道主义的代表人物，被人们称为"法兰西的莎士比亚"。

青少年成长必读 人文科学知识丛书

收。几年之后，他完成了一部献给父亲的剧本《克伦威尔》，并为这本书撰写了序言。后来，由于作品的篇幅过长而没有搬上银幕，但这本书的序言却引起了强烈的反响。在序言中，雨果阐明了他的选择和立场，旗帜鲜明地向古典主义展开全面进攻，成为了浪漫主义运动的宣言。此后，他又发表了著名的诗集《东方集》，在画家和艺术家中引起了巨大轰动。1830年，雨果的悲剧《欧那尼》上演，该剧在法兰西剧院连演100场，场场爆满。《欧那尼》的巨大成功，成为浪漫主义最后战胜古典主义的标志。

1834年，雨果的小说《巴黎圣母院》轰动了整个欧洲文坛，它甚至对法国的建筑艺术也产生了深远影响，主人公卡西莫多、爱丝米拉达成为经典的艺术形象。1845～1848年，雨果倾注全部精力来创作《悲惨世界》，但是后来由于战乱、流亡等原因，这项工作被迫停止。直到1860年，雨果对这部小说又开始了新一轮的创作，1年之后，他终于完成了这部杰作。比利时书商阿贝尔·拉克卢瓦以30万法郎买下了此书12年的版权。《悲惨世界》共分5个部分，仿佛一部气势恢宏的史诗，这部作品是浪漫主义与现实主义的交融体，创作方法倾向于现实主义，小说也突出了浪漫主义的对比原则，夸张的人物塑造表达出浓郁的批斗效果。

晚年，雨果除发表《村园集》《祖父乐》《精神四风集》等诗集外，还创作了长篇历史小说《九三年》，该作品真实地表现出革命与反革命之间的残酷斗争。

1885年5月18日，雨果染上了肺炎，肺部充血，病情严重，5月22日下午1时30分，这位崇尚"自由、平等、博爱"的文坛巨星陨落。在弥留之际，他为世人创造了最后的佳句："人生便是白昼与黑夜的斗争。"

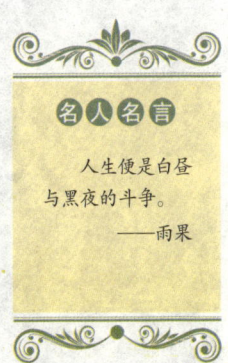

《悲惨世界》插图

名人名言

人生便是白昼与黑夜的斗争。

——雨果

达尔文
进化论学说的创始人

达尔文是英国杰出的科学家,他是进化论的提出者。达尔文的进化论是科学史上一次革命,极大地推动了近代科学的发展。而他锲而不舍的钻研精神、实事求是的科学态度和生命不息、战斗不止的顽强毅力,也成为了人类追求真理的典范。

达尔文在生物学的发展史上最杰出的贡献就是提出了生物进化论,他首次把生物学完全放在科学的基础之上,冲破了生物学被神学所禁锢的堡垒,实现了生物学的伟大革命。进化论、能量守恒和转化定律及细胞学说被誉为19世纪自然科学的三大发现。

1809年2月,查尔斯·达尔文出生在英格兰什罗普郡的什鲁斯伯里小镇。他的父亲是一位富有盛名的医生,他的祖父则是18世纪一位思想敏锐的哲学家、气象学家、博物学家、诗人和医生,也是进化论的先驱之一,曾写过一些以进化为主题的诗作。毫无疑问,达尔文日后能成为皇家学会的成员和科学进化论的创始人,与他家庭环境的熏陶是分不开的。

1825年,16岁的达尔文进入爱丁堡大学学习医学,后又被送到剑桥大学学习神学,但他最感兴趣的是自然科学,所以将大量的时间用于阅读自然科学书籍、采集和研究昆虫。在学习期间,他认识了植物学教授亨斯罗,这对他一生有很大的影响。亨斯罗教

图为当年发表在报刊上讽刺达尔文进化论的画

授经常带达尔文去野外考察，培养了达尔文的观察和研究能力。经过亨斯罗教授的推荐，达尔文于1831年以博物学家的身份参加了"贝格尔"号军舰的环球航行。这是他一生中最重要的一段经历，对他的事业起到了极为重要的作用。

根据这次考察的结果，1837年7月，达尔文开始写第一本记录有关物种起源事实的笔记。他研究了大约150个品种的鸽子，并把这些家鸽与野生岩鸽在外部形状和骨骼构造等方面进行比较，形成了人工选择理论。这一理论启发了达尔文，经过深入分析研究，他终于提出了"自然选择"学说。这个学说是达尔文生物进化理论的核心部分。

晚年的达尔文在妻子埃玛的陪伴下显得安然而宁静

1844年，达尔文写出了长达230页的《物种起源问题的论著提纲》，建立起了《物种起源》的主要框架。历经20年的艰辛创作，这部生物史上划时代的巨著终于在1859年11月24日问世。这本鸿篇巨作包含了14章的内容，援引了大量证据证明在自然选择作用下的物种进化规律，它通过家鸽与野生鸽子的比较，提出了"选择"的作用。随后他又将这种"选择"推及自然界，通过大量事实证明了"自然选择"对于生物进化的重要作用。

在这部巨著的附言中，达尔文写下了几句颇具预见性的关键语句，例如：所有的动植物也许都是从单一的原始种类遗传下来的。在当时这只不过是达尔文尝试性的结论，但100年后却得到了准确的证实。

达尔文在自传中写道："我一生中主要享受和唯一的职业就是科学研究，工作带来的兴奋使我有时忘记甚至驱走了平时困扰我的病痛。"的确如此，达尔文将一生都献给了科学事业。1882年4月19日，这位伟大的科研工作者平静地走完了自己的一生，并被安葬于牛顿的墓旁。

名人名言

乐观是希望的明灯。
——达尔文

南丁格尔
提灯天使

南丁格尔是现代护理专业创始人,她毕生致力于护理事业的改革与发展,取得举世瞩目的辉煌成就。这一切,使她成为令世人敬仰和赞颂的伟大女性。

在我们的印象中,医院的一切总是那么整洁、安静,而又安排得井井有条。身穿白衣的护士们从一张病床走到另一张病床,按照医生的指示护理着病人。这些勤劳的妇女通常都很镇静、友好和愉快,她们尽可能使病人的生活舒服,尽可能解除病人的痛苦。事实上,在一个半世纪前,情况就大不相同,而为促成这些变化做出最大贡献的人就是弗罗伦斯·南丁格尔,她被人们誉为"提灯天使"。

南丁格尔

佛罗伦斯·南丁格尔1820年5月12日出生于英国一个名门富有之家,她的父亲毕业于剑桥大学,是一名统计师,母亲也出生于英国望族。南丁格尔曾在巴黎大学就读,父母对她给予厚望,希望她能从事一份体面的职业,所以起初非常反对她去做护理工作。

1849年,南丁格尔结识了当时在德国护理史上颇具影响力的泰德尔·弗利德纳。次年,她到弗利德纳夫妇在凯撒斯畏斯城创办的女执事训练所见习两周,并写下了论文《莱茵河畔的凯撒斯畏斯学校》,呼吁英国淑女们到凯撒斯畏斯担任女执事。

南丁格尔于1853年担任伦敦患病妇女护理会监督。1854—1856年,在克里米亚战争中,南丁格尔以慈善之心为交战双方的伤员服务。许多士兵从克里米亚返回英国后,把南丁格尔在战地医院的业绩编成小册和无数诗歌流传各地。有一首诗在 50 年之后仍在英国士兵们重逢时传诵，诗中称南丁格尔是"伤员的保卫者、守护神，毫不谋私，有一颗纯正的心，南丁格尔小姐，是上帝赐给我们最大的福恩"。由于在战争期间的卓越贡献，当时英国维多利亚女王授予南丁格尔圣乔治勋章和一枚美丽的胸针。

南丁格尔为伤员做护理

1857 年，在南丁格尔的努力下，英国皇家陆军卫生委员会和军医学校成立。1860 年，她在英国圣托马斯医院建立了世界上第一所正规护士学校。南丁格尔把护理工作从社会底层提升到了受人尊敬的地位。她撰写的主要著作成为医院管理、护士教育的基础教材。

南丁格尔的办学思想由英国传到欧美及亚洲各国。瑞士慈善家吉恩·亨利·敦安在她的影响下，于 1863 年在日内瓦成立了国际红十字会。

1901 年，南丁格尔因操劳过度，双目失明。1907 年，爱德华七世授予南丁格尔功绩勋章，她成为英国历史上第一个接受这一最高荣誉的妇女。

1910 年 8 月 13 日，南丁格尔在睡眠中溘然长逝，享年 90 岁。她生前留下的遗嘱长得出奇。她在遗嘱中不厌其烦地、一件件地详细交代了分赠和处理所有遗物的指示。遗嘱里特别叮嘱："埋葬我那凡间躯壳的一抔土，不要有任何纪念性的建筑。"如果这样做不可能，则请把她的遗体"就近入土"，并只立一个简单朴素的十字形墓碑，上面不留姓名，只刻缩写字母和年份。

为了尊重她本人的遗言，她被安葬在家族墓地里。棺木由六名英国陆军军士抬着，安葬到一个很普通的墓穴中。纪念这位巾帼英雄的只有镌刻在家族墓碑上的一行小小的铭文："F. N., 1820 年生，1910 年卒。"

1912 年，国际护士会将 5 月 12 日定为国际护士节，以缅怀和纪念这位伟大的女性。

南丁格尔认真细致的工作，使克里米亚战场上的伤员感到一种久违的温暖。在他们心目中，这个姑娘就是一位美丽的天使。

托尔斯泰
世界文学大师

托尔斯泰是19世纪俄国最杰出的现实主义大师，也是世界最伟大的小说家之一。托尔斯泰的一生是探索的一生，是为人类寻找幸福出路的一生。他的作品，无一不留下他探索的深深足迹。列宁称托尔斯泰为"俄国革命的一面镜子"。

托尔斯泰曾经说："我写作是因为我喜欢，虽然我知道它是一项非常艰辛的工作，但是我还是要写。"这正是他一生不懈追求的写照。

1828年8月28日，列夫·尼古拉耶维奇·托尔斯泰出生于俄国图拉省一个贵族伯爵世家。他2岁丧母，13岁丧父，家庭的不幸使托尔斯泰的心智过早成熟。

托尔斯泰自小在家庭中接受的是贵族式教育，1844年6月，托尔斯泰进入喀山大学东方语言系。大学期间，他大量阅读哲学、文学方面的书籍并受到卢梭接近自然、过简朴生活的哲学影响，开始怀疑宗教，厌恶上流社会。他不满学校腐化的教学制度，最终申请退学回到波良纳庄园，并在此居住长达60年。

1851年，托尔斯泰随大哥尼古拉一起入伍高加索，参加了在克里米亚战争中的塞瓦斯托波尔的保卫战争，并担任炮兵连连长。在高加索服役的5年中，托尔斯泰读了很多文学作品，并确立了他一生的事业——文学创作。

"我写作是因为我喜欢，虽然我知道它是一项非常艰辛的工作，但是我还是要写。"这正是托尔斯泰一生不懈追求的写照。

在战斗之余,托尔斯泰创作了自传体三部曲的前两部《童年》《少年》以及《塞瓦斯托波尔的故事》等小说。《童年》发表在《现代人》杂志上,小说描写了一个敏感的生于贵族家庭并喜欢作自我剖析的儿童的精神成长过程。之后,他在作品《少年》中,继续描写了主人公的精神成长过程,体现了他新的道德追求和批斗意识的觉醒。1856年,托尔斯泰完成了自传性的中篇小说《一个地主的早晨》和自传体三部曲中的最后一部《青年》。其中,影响较大的是《一个地主的早晨》,这篇小说首次表现了托尔斯泰对农民问题的探索,主人公聂赫留道夫反映了当时托尔斯泰思想的主要特征。

慈祥的托尔斯泰在给他的孙子们讲故事

1859年,托尔斯泰在波良纳庄园创办学校,试图用教育改良社会,并把这作为他一生的主要任务。因学校规模不断扩大,声誉日渐提高,沙皇政府对他施加了极大的压力,学校被迫停办。此后,托尔斯泰与莫斯科名医别尔斯的女儿索菲亚结婚。婚后生活十分幸福,这极大地激发了他的创作热情,他先后创作了中篇小说《哥萨克》及长篇小说《战争与和平》等。《战争与和平》一经问世,便在俄国文坛上引起了空前的轰动,被称为是近代的《伊利亚特》。

经过5年的艰辛创作,托尔斯泰又完成了另一部轰动文坛的长篇小说《安娜·卡列尼娜》。作者通过主人公安娜追求自由爱情的悲剧和青年地主列文改革社会的悲剧两条主线,深刻地反映了农奴制度改革后的俄国社会现实。

《复活》是托尔斯泰历经10年创作的艺术结晶,是继长篇小说《安娜·卡列尼娜》之后集中宣传"托尔斯泰主义"的重要作品,以其卓越的现实主义风格成为世人皆知的经典著作。

托尔斯泰晚年创作了大量的小说、剧本、文论以及政论。其中,较著名的有短篇小说《舞会之后》,剧本《活尸》等。

1910年10月28日,托尔斯泰在不被家人理解的痛苦中离家出走。不料,途中得了肺炎,于11月7日逝世,享年82岁。

名人名言

理想的书籍是智慧的钥匙。
——托尔斯泰

诺贝尔

炸药大王

诺贝尔是瑞典杰出的发明家、实业家。他成功研制了炸药,并不断进行完善,在炸药的发展中起到了开创性的作用。诺贝尔热爱科学,呼吁和平,创立了以其名字命名的奖金,用以鼓励在科学、文学以及人类和平等方面作出重大贡献的人。

诺贝尔是一个蜚声四海、妇孺皆知的名字。他设立的诺贝尔奖,如今已成为世界上首屈一指的奖励基金,是对人类最高智慧的鼓励和奖赏,激励着每一位为人类作出贡献的杰出人物。

诺贝尔一生致力于炸药的研究,共获得技术发明专利355项。

1833年10月21日,艾尔弗雷德·诺贝尔生于瑞典斯德哥尔摩,他的父亲是位发明家和实业家。诺贝尔出生后,父亲的家业已经破产,家庭境况开始衰落。诺贝尔从小接受的正规教育很少,但受父亲的影响,他从小就热衷于发明创造。16岁时,诺贝尔已成为优秀的化学家,并可以流利地说英、法、德、俄、瑞典等多国语言。

在父亲的鼓励下,诺贝尔前往欧洲考察学习。在考察中,新的科学知识像涌出的泉水一样,让诺贝尔不知疲倦地吸收着。返回家中后,他先在父亲的工厂工作,这个工厂主要负责给当时的沙皇俄国供应战争物资。战争的结束给诺贝尔父亲的工厂带来了负面影响,很快工厂就破产了。诺贝尔留在了俄国,创立了一家制造钻孔工具的工厂,此时,他对硝化甘油炸药产生了极大的兴趣。虽然当时已有许多科学家进行炸药的研究了，但由于硝化甘油的威力太大，他们不知道如何控制这种具有强烈爆炸性的液体。诺贝尔经过认真研究，决定为硝化甘油寻找一种相宜的控制方法。

1860年春天，诺贝尔在斯德哥尔摩市郊建起了一座研制硝化甘油炸药的实验工厂。他花费大量的时间查阅资料，进行着各种各样的实验。然而不幸的事发生了，工厂突然发生了爆炸，诺贝尔的弟弟兼助手连同工厂被凶猛的大火吞没了，诺贝尔则从浓烟中爬出，幸免于难。这次事故是诺贝尔研制炸药过程中遇到的最大一次灾难。

诺贝尔在研制硝化甘油炸药的实验工厂做实验

弟弟的惨死让父母悲痛欲绝，公众也对诺贝尔采取敌对态度，但他没有被眼前的困境压倒，继续投入研究中。他决定发明一种更易于操作的、比较安全的炸药。1867年，诺贝尔研制出了黄色炸药，并获得了发明权。它的研制成功使得硝化甘油能以更安全的方式生产，也更容易操作。之后，诺贝尔发现了硅藻土，经过反复实验，制成了硝化甘油和硅藻土合为一体的固体炸药。它最大的优点在于，不会因为震动、撞击、加温而自发地引起爆炸。随后，诺贝尔给这种炸药取名为"达纳炸药"，并申请了专利。此后，他又研制成功了爆炸胶，降低了炸药的生产成本。经过近9年的时间，诺贝尔又发明了无烟炸药。这种炸药不仅便宜，而且可以无限期储存。爆炸胶和无烟火药被认为是世界火药史上最杰出的发明，诺贝尔成为名副其实的"炸药大王"，随之而来的是滚滚财富和诸多名誉。

然而，诺贝尔是一个有使命感的和平主义者。在遗嘱中，他将94%的财富用来设立了一个年度奖基金，以奖励全世界在物理学、化学、生理学或医学、文学及和平事业中"对人类作出巨大贡献"的人。1896年12月10日，这位科学家与世长辞，享年63岁。

名人名言

生命是自然赋予人类雕琢的宝石。

——诺贝尔

伦琴

伟大的物理学家

伦琴是德国物理学家,他是第一位认识到 X 射线是一种不同于阴极射线的科学家。广博的知识、深厚的造诣、严谨的工作态度和顽强的毅力,最终使伦琴高瞻远瞩地揭示了前人所未知的新现象。

威尔姆·康拉德·伦琴于 1845 年出生在德国的一个商人家庭。3 岁时,全家迁往荷兰,伦琴在荷兰接受教育直到 1865 年。同年,他考取了瑞士的苏黎世综合工业学院,师承两位著名的物理学家,一位是创立热力学第二定律的鲁道夫·克劳修斯,另一位是伦琴的导师奥古斯特·孔特。这时他已经发表了 48 篇科学论文。

威尔姆·康拉德·伦琴

1895 年 11 月的一个傍晚,伦琴正在做阴极射线管中气体放电的实验,这项研究首先要进行大气人工放电的实验。在一个长长的玻璃管两端,一边封入一个正极,一边封入一个负极,当高压电流通过后,管内气体就会放电,同时发出夺目的光彩。伦琴在实验室内正重复着这一众所周知的实验,为了避免可见光的影响,伦琴特地用黑色纸板将玻璃管包起来,并在暗室中进行实验。当他接通高压电源使阴极射线管发光时,他眼前突然闪过一丝绿色的荧光,当切断电源后,荧光也随之消失。伦琴再三重复这个实验,每次都出现同样的荧光。终于,他发现神秘的荧光是由不远处的一个镀有亚铂氰化钡(一种荧光材料)的小屏发出来的。

小屏为什么能发光呢？为了弄清问题的究竟，伦琴仔细查看了放电管和发出荧光的小屏，但找不到设备上的任何变化。放电管虽然能发出阴极射线，但它在空气中只能通过几厘米，

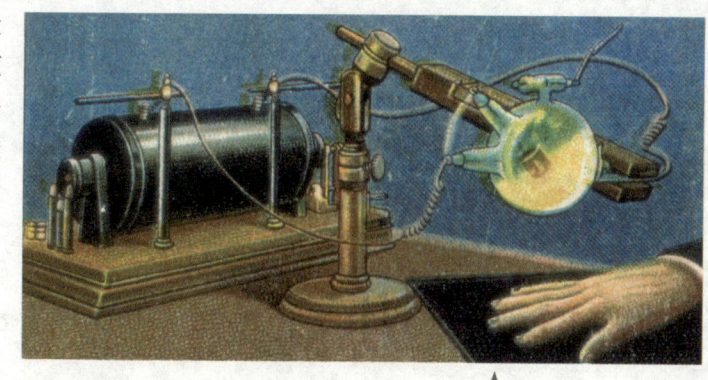

由切伦科夫线圈产生X射线的设备用于拍摄手部X射线照片

不可能照射到2米远的小屏上。伦琴又重复了这一实验，他把小屏不断挪远，但每次都有荧光出现。伦琴心想，一定是放电管又发出了一种新的射线。伦琴是一个严谨的人，他决定反复进行实验，以验证他的猜想。他分别把木头、铝、橡胶等物质放在放电管与荧屏之间，但结果都被这种神奇的射线所穿透。最后，伦琴找来一块铝板，终于挡住了这种射线。

伦琴对这一新发现紧追不舍，竭尽全力做出全面的检验以得出"完美无瑕的结果"。他在实验室中高度兴奋地连续工作了7周，最终确定这是一种新的射线，但因其性质不明，伦琴将它命名为X射线。实验结果还表明，X射线以直线方式进行传播，不受磁场干扰而发生偏转现象，尤其是这种射线具有很强的穿透性，只有少数几种物质对它有吸收能力。

之后，伦琴又做了一个十分有趣的实验，他请自己的妻子来到实验室，让她把手放在用黑纸包严的照相底片上，然后用X射线对准手照相。显影后，伦琴夫人的手骨像清晰地呈现在底片上，连手指上的戒指也十分清晰。这是一张具有历史意义的极其珍贵的照片。3个月后，维也纳医院首次采用X射线为人体进行拍片，一个重大发现被如此迅速地应用到实际中也是很少见的。

伦琴用X射线为克里克尔教授拍摄出的手骨照片

1895年12月28日，伦琴将他的新发现公之于众，几天后便引起了轰动。其反应之强烈，传播之迅速，实为科学史上所罕见。伦琴也因此获得了许多荣誉，其中有1896年德国皇帝威廉二世授予他的勋章，也有1901年第一届诺贝尔物理学奖。1923年，伦琴逝世，享年78岁。

名人名言

研究学问犹如在黑暗中摸索，需要温暖、友谊和帮助。

——伦琴

影响人类历史的名人

117

爱迪生
天才发明家

爱迪生是美国历史上最伟大的发明家之一，他一生痴迷于发明创造，是世界上少有的发明奇才，对人类文明的发展作出了巨大的贡献。爱迪生共拥有1 093项发明的专利权，其中，电灯、留声机、电影放映机的发明具有划时代的意义。

如今，爱迪生似乎已经成为发明创造的代名词，他的一生充满了传奇色彩。

1847年2月11日，托马斯·阿尔瓦·爱迪生出生在美国俄亥俄州一个叫米兰的小镇，父亲塞缪尔是个木材商人，母亲南希是一个苏格兰裔的加拿大人，他们一共生了7个孩子，爱迪生是最小的一个。爱迪生刚出生时身体羸弱，医生及家人认为他先天性不足。

1855年，8岁半的爱迪生进了当地的一所白人学校，后来他因为调皮，被学校开除回家。9岁那年，在母亲南希的指导下开始阅读《自然与实验哲学》，书中讲的是物理和化学上的试验。依据书中的图，他做了很多试验，为日后的发明创造奠定了坚定的基础。

1859年，爱迪生在火车上卖报纸，他用赚来的钱买了化学药品，放在火车上，在卖报的空暇时间里进行化学实验。有一天，火车经过一处曲折的路基，车身忽然震动起来，实验室里一个放着磷块的玻璃瓶

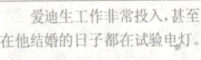
爱迪生工作非常投入，甚至在他结婚的日子都在试验电灯。

掉在地上打得粉碎，磷因摩擦起了火，把车厢地板也烧坏了。火被扑灭后，车长狠狠地打了他一巴掌，并把他赶下火车。虽然没有发生什么大事，但是爱迪生却因那一巴掌导致听力严重受损。

爱迪生的第一个留声机模型

19世纪60年代，收报机的发明成为爱迪生个人生活的转折点，它标志着爱迪生成为了发明家。1869年6月，爱迪生来到纽约，寻求更大的发展空间。他为华尔街的老板发明了一台股票行情自动收报机，换取了4万美元的收入，自此在海内外声名远播。

1871年，爱迪生与梅莉·史迪威结婚。此后，他将家搬到新泽西州，建立了世界上第一个工业研究所，被称为"发明工厂"。在此期间，爱迪生将自己的发明才能发挥到了极致，除了改进电话，留声机、实用化的发电机都是在这里发明的。

除了留声机，爱迪生的另一项重要发明就是电灯。电灯的试验是爱迪生花费心血最多的一项试验。据说他为了找到合适的材料作灯丝，试验过1600多种耐热材料，还是没有成功。在一次偶然的机会中，他在一本杂志上看到英国工程师斯旺用炭丝做成白炽灯的报告，从中受到启发。他将棉线烧成炭丝，将这种炭丝装进灯泡，再小心地抽干灯泡中的空气，当电灯通电时，发出了亮光，持续了45个小时，电灯照明终于实现了。此后，经过不断改进，他又找到了新的发光体——日本竹丝，发光时间可持续1000多个小时，达到了耐用的目的。

1884年，爱迪生的太太不幸病逝，他沉浸在无限的悲痛之中。后来，经朋友介绍，他又与一位叫米勒的小姐结婚。不久，他又热情饱满地投入新的研究中。1889年，爱迪生又开始了电气领域的另一项发明——电影。1894年，他拍摄了世界上第一部叫作《列车抢劫》的电影，爱迪生再一次声名大噪。

爱迪生晚年虽然疾病缠身，双耳失聪，但充沛的精力使他与年轻时毫无二致。1931年10月18日凌晨，这位人类最为杰出和贡献最多的发明家、科学界少有的奇才在美国去世，享年84岁。

名人名言

天才就是1%的灵感加上99%的汗水。
——爱迪生

贝 尔
电话之父

在通信方式如此便捷的今天,如果我们再回头去看看昔日那个时代,或许无法想象与外界失去联系的生活会是怎样的。贝尔的命运是与那细细的电话线连在一起的,电话的发明给他带来了无尽的荣誉,也给人类带来了翻天覆地的变化。

亚历山大·格雷厄姆·贝尔于1847年出生在苏格兰爱丁堡市,他的父亲和祖父都是著名的语音学家。贝尔很小的时候,父亲就教他怎样清晰、有顿挫地发表演讲,还经常让他自己练习。在父亲的潜移默化下,贝尔对语音复制产生了兴趣,并一心想为有听力障碍的聋哑人排忧解难。

贝尔在学校接受的教育很少,正规的学校不能让他产生浓厚的兴趣,于是家人把他送到了伦敦大学学习声学专业。由于受小时候的影响,他学习兴趣渐渐高涨,很快掌握了人体发声器官和收听器官的构造,这为他发明电话奠定了基础。

1873年,贝尔被任命为波士顿大学演说系教授。可是没过多久,贝尔就辞去了教授职务,潜心于电话的设计和实验工作。同时,他去求教美国电气物理学家亨利教授。亨利教授给了他极大的鼓舞,拍拍他的肩膀说:"你这是一件了不起

贝尔实现了自己"传遍全球"的理想,他为人类通信事业作出了不可磨灭的贡献。

的发明，干吧！"

科学的道路是艰辛的，天才的火花最终转换成伟大的发明，其间要经历的磨难是常人难以想象的。此时的贝尔既缺经费，又没有技术上的帮助，幸运的是，贝尔1875年回到波士顿，结识了一位聋儿学校的校长哈伯德，经费的问题才得以解决。后来，贝尔又结识了年轻的电学专家沃森，两位年轻人克服重重困难，以顽强的毅力进行着实验。

尽管哈伯德认为改进电报机比研制电话更重要，但他还是在贝尔不知情的情况下替他申请了专利。事实证明，这位脾气古怪的老人的做法是对的。因为就在当天下午，另一个发明家格雷也申请了此项专利，如果不是哈伯德先生，电话发明的历史或许就要改写了。

贝尔电话的专利申请于1876年3月3日核准生效，这天正好是他29岁的生日，这项发明后来也成为美国商业史上最赚钱的发明之一。

图为贝尔在波士顿大学课堂上用自己发明的第二种电话和地下室的同事通话

尽管贝尔在哈伯德的帮助下申请了专利，但真正的电话传声是在1876年3月10日的实验中实现的。想要获得清晰的声音，最大难点在于改变电阻。贝尔设想，在振动膜上装一根金属针，并使针尖接触稀硫酸的液面，振动膜一振动，硫酸液体表面的针便上下浮动，引起电阻的变化，接着以电脉冲的方式传递给受话器一方的电路和电磁铁。

之后的两个月，贝尔和沃森又做了很多试验和探索，贝尔还向两个科学团体——美国艺术与科学院及麻省理工学院艺术和科学协会宣布了他们的发明。1876年7月底，为迎接美国百年大庆，政府打算在费城举办一个百年成就展。在众多的发明中，科学家们选中了电话作为展品。这次展览成为电话发展和贝尔生活中具有重大意义的事件。

虽然电话发明使贝尔成了富翁，但是他从来没有中断研究工作。后来，他还发明了几项有用的仪器。1922年，贝尔在波士顿去世。

名人名言

命运掌握在我自己的手中，我知道巨大的成功马上就要到来。

——贝尔

影响人类历史的名人

普朗克
杰出的物理学家

量子论开辟了量子学的新纪元,作为第一个提出量子论的物理学家,普朗克在这一领域的研究对于理论物理的发展和对整个自然界的理解极为重要,他当之无愧地成为这场革命的英雄。

普朗克处事谨慎,量子论假说经过反复论证后才提出来,并最终得到科学界的认可。

马克斯·普朗克于1858年4月23日出生在德国基尔市,他的父亲是基尔大学的法学教授。普朗克11岁时,因为父亲的工作调动,全家迁至慕尼黑。他在慕尼黑度过了快乐的少年时期,并进入慕尼黑高级中学学习。

大学期间,普朗克跟随亥姆霍兹、基尔霍夫和克劳修斯学习,普朗克是克劳修斯的敬仰者。1879年7月28日,普朗克选择热力学的可逆转换问题作为博士答辩论文,从而获得了哲学博士学位。次年,他接受慕尼黑大学的教职,5年后接受基尔大学的聘任。1889年普朗克成为柏林大学物理学教授,当时,那是德国物理学家最盼望得到的高级职位。

1900年10月19日,普朗克在德国物理学会的一次会议上公布了他的新公式。然而,他深知新公式只是一个半经验公式,没有理论解释,所以经过反复论证后,于同年12月24日在德国物理学会上宣布了自己的假说。由此,人们将那一天定为量子论的诞生日。

1918年,普朗克在斯德哥尔摩瑞典皇家学会上宣读了《量子论的诞生及其发展》,对量子理论作了全面的阐述。普朗克还向世界公布了他的重要发现——基本量子。因为在黑体问题上的成功研究和量子概念的创立,普朗克荣获了1918年的诺贝尔物理学奖。

普朗克晚年退出科学界。由于他呼吁希特勒停止对犹太人的迫害,1935年,被免去了德国威廉大帝科学研究会会长的职务。

第二次世界大战结束不久,普朗克恢复原威廉大帝科学研究会(那时已改称马克斯·普朗克学会)会长的职务。1947年10月3日,普朗克在哥廷根去世,享年89岁。

泰戈尔
文学宗师

泰戈尔是印度著名诗人、作家、艺术家和社会活动家。他积极参与印度的民族解放运动，许多作品描写了印度人民在帝国主义统治时期水深火热的生活。无法比拟的人格魅力、经典亘古的文学作品，使他成为世人敬仰的一代文学宗师。

泰戈尔是印度近代伟大的作家，他为印度近代进步文学开辟了先河。同时，他还成功地运用生动的孟加拉口语写诗，给印度诗歌开拓了一片新天地，为后人留下了无尽的文学宝藏。

同时，泰戈尔是一位伟大的人道主义者、爱国主义者，他一直关心着世界的前途和人类的命运，特别是劳苦大众的命运；他热爱祖国，反对殖民主义的侵略和奴役政策，为祖国的独立自由大声疾呼和辛勤奔波；他热爱印度古老的民族文化，但并不排斥对西方文化的学习和借鉴；他的创作取材于印度的现实生活，反映印度人民在殖民主义、封建主义和愚昧落后思想重压下的悲惨命运。在创作中，他既吸收印度民族文化的营养，又借鉴西方文化的长处，是使东西方文化相互交融的先驱者。特别是他的诗歌，哲理深邃，抒情浓郁，格调清新，语言优美，深深打动读者的心弦，为诗歌艺术作出了开拓性的贡献。

泰戈尔被尊为印度"诗圣"，他是一位令人钦佩的艺术大师。

诺贝尔文学奖的正反面

泰戈尔的全名是罗宾德拉纳特·泰戈尔，他于1861年5月7日出生在印度东部的加尔各答。这是一个学术气氛浓郁的家庭，他的祖父和父亲是著名的社会活动家和宗教改革家，他的13个哥哥姐姐中，有哲学家、音乐家、戏剧家、小说家、爱国志士等。

泰戈尔7岁开始接受教育，先后被送到当地的4所学校学习，和所有在少年时就展现出才华的孩子一样，他不满学校的教育方法和刻板的教学内容，13岁那年便辍学回家。泰戈尔真正走上文学创作之路，是从他的第一首长诗《野花》开始的。从此，他的创作欲望一发而不可收拾。1878年，泰戈尔到英国学习法律，但却把主攻方向转为英国文学与欧洲音乐。两年后，他回到印度，开始专心从事文学创作。

1883年，泰戈尔与一位名叫帕瓦达莉妮·黛维的女子结婚。同年，他发表了诗集《晨歌》，抒发了个人的浪漫主义情怀。1884年，他受父亲的委托，到谢里达庄园管理田产。丰富的田园生活扩大了他的视野，从而加深了他对社会的认识。此后，他的创作中也加入了更多的现实主义因素。

1905—1908年，随着印度民族解放运动的高涨，泰戈尔也投身于反殖民主义的斗争。他参加游行示威，并公开发表演说痛斥英帝国主义的侵略。泰戈尔是个温和的改良派，他反对暴力，幻想通过宗教、教育和道德手段来改造社会。因此，当第一次民族解放运动转入低潮时，他又回到了圣地尼克坦，开始过着一种半隐居的生活。在这个时期，他创作了4部极为著名的英文诗集：《吉檀迦利》《新月集》《园丁集》和《飞鸟集》。

《吉檀迦利》因为表现了最优秀的"理想主义倾向"，且技巧完美，"含意深远，清新而美丽"，使泰戈尔成为亚洲第一位诺贝尔文学奖的获得者。"吉檀迦利"是孟加拉文的音译，意思是

泰戈尔于1913年获得诺贝尔文学奖，他是首位获得诺贝尔文学奖的印度人。

"奉献",这就表明了这些诗都是献给作者心目中的神的。全书是以颂神、敬仰神、渴望与神结合为主题的,是泰戈尔哲学观的艺术体现。

1913年,泰戈尔荣获诺贝尔文学奖,他是获得这一殊荣的第一位东方作家。他的获奖评语是"富于高贵、深远的灵感,以英语的形式发挥其诗才,并糅和了西欧文学的美丽与清新"。由于路途遥远,泰戈尔无法亲自出席颁奖典礼,他在致谢电报中写道:"请向瑞典学院转达我的热忱,他们广阔的理解力使得天涯若比邻,陌路成兄弟。"

1915年,泰戈尔会见著名政治家甘地,两人从此建立了深厚的友谊。图中左为泰戈尔,右为甘地。

20世纪二三十年代,是泰戈尔在晚年的又一个创作高峰期。这时印度国内民族解放运动高涨,第二次世界大战也在国际范围内造成了很深的影响。这种形势使泰戈尔的政治观点发生了巨大变化,他逐渐放弃改良主义,结束半隐居的生活,再一次投身于民族解放运动的洪流之中。他还多次出访英、法、美、日、中等国,为真理、正义而呼吁。1924年泰戈尔访问中国,并发表《在中国的谈话》。这个时期出版的重要作品有诗集《生辰集》、剧本《摩克多塔拉》等,表现了鲜明的反帝反殖民主义的政治倾向。

1941年8月,泰戈尔因病在加尔各答逝世。泰戈尔的一生是光辉灿烂的,他为世人留下了许多值得回味的文学作品,他的英文诗集《园丁集》《飞鸟集》《吉檀迦利》成为光耀世界的文学作品。泰戈尔的创作力惊人,60余年笔耕不辍,其中有诗歌上千首,歌词1 200余首,并为其中大多数歌词谱了曲,中长篇小说12部,短篇小说200多篇,戏剧38部,还有许多有关哲学、文学、政治的论文及回忆录、书简、游记等,此外还创作了2 700余幅画。同时,泰戈尔的一生又紧密联系着印度的民族解放运动。他的一生正如他诗中所写的那样"生如夏花之绚烂"。

生如夏花之绚烂,死如秋叶之静美。
——泰戈尔

福特
汽车之父

福特是一位伟大的发明家和实业家，福特汽车公司的创建者，也是世界上第一位使用流水线大批量生产汽车的人。福特不仅在汽车发展史上写下了光辉的一页，同时也为现代文明的发展作出了巨大贡献。

伴随着人类文明的向前推进，实用主义作为一种哲学思潮越来越为人们所重视。福特设计并研制成功了第一辆汽车，并不断进行改进，终于使汽车变得更加先进和完善。福特作为一个伟大的实业家和发明家，他所信仰的"福特主义"也渐渐成了世人关注的焦点。

1863年7月30日，亨利·福特诞生在美国底特律附近的一个小镇。他少年时就喜欢摆弄各类机械制品，父亲很支持他，在家里给他设了一个工作台。12岁的时候，福特甚至已经可以帮助周围的人修理钟表了。后来，福特又从父亲那里知道了关于蒸汽机、火车头和动力机床等产品的详细情况，他对机械领域充满着新奇与向往。

1880年春天，未满17岁的福特独自离家来到了底特律。那个时候，底特律正在快速步入机器时代，福特虽然没有正式当过学徒，但他小时候对机械的偏爱使他成了一名成熟的机械师。熟练工人在任何地方

"制造人人都买得起的汽车"是福特的梦想。如今，福特汽车公司是世界上最大的汽车企业之一。

都会受到青睐，所以福特没费多大周折就转到底特律最大的造船公司去工作。

1893年，福特在一张五线谱上画出了世界上最早的福特汽车设计图——"福特"一号。根据这个设计，他不分昼夜地工作，"福特"一号终于试制成功了。"福特"一号诞生3年后，汽车逐渐问世，但价格昂贵，车身大，极不经济。福特设想着要制造出一种任何人都可以买得起且易于驾驶的汽车，于是他辞去了工厂的工作，开始专门研究汽车。

福特的T型车自推出以来，很快便以价格低廉、操作简单、结实耐用等特点令千百万美国人着迷。汽车终于脱去了高贵的外衣，成为普通百姓的宠儿。

1901年，福特的第一辆赛车问世，并在比赛中夺得了冠军。这之后，福特又夜以继日地造出了两部赛车，均为4个汽缸，58.84千瓦。这两部车一部被命名为"999"号，另一部为"飞箭"号。1903年，福特用"999"号参加赛车比赛，不仅赢得了预期的胜利，而且为他带来了名誉和商机。

第一次世界大战之后，福特开始组建工厂。此时，福特公司的汽车销售总量已达全美之最，为他带来了极大的利润，他也开始了越来越大的商业活动。1912年，福特买下了林肯工厂，在德、法、比利时等国也设立了工厂。第二年，福特用50万美元修建了一个大型飞机场，他的兴趣也慢慢从汽车转向了飞机。然而，第二次世界大战时，由于其他汽车公司制造了大量的新型汽车，使福特汽车的销售受到了极大的影响，于是，福特又以旧时的热情全身心地投入对下一代新车的研制中。研制成功的A型汽车不仅外形新颖，而且轻便舒适，功率大，速度快。1929年，福特公司共售出185.1万辆车，占整个汽车工业总数的34%，远远高于其他汽车公司。1909年时，汽车业在工业中排名第20位，而到1929年，它一跃成为工业中的首强，是美国的支柱产业。

1947年4月8日晚，福特去世。同世界上许多传奇人物一样，福特的死引起了世界性的关注，杜鲁门总统、丘吉尔、斯大林都发来了唁电。福特走了，但他所创建的汽车王国却没有倒下，在亨利·福特后辈的带领下，这个汽车王国又迈向了新的征途。

莱特兄弟
飞机的发明者

飞机,如今已经成为最现代、最方便、最快捷的交通工具。1903年12月17日,莱特兄弟驾驶着他们设计制造的第一架飞机,实现了人类梦寐以求的飞行梦想,人们将永远记住这个被载入史册的日子。

任何一项成功的发明都不是偶然的,威尔伯·莱特和奥维尔·莱特两兄弟为了实现人类飞上蓝天的梦想,奉献出了他们毕生的精力。

威尔伯·莱特生于1867年4月16日,奥维尔·莱特则生于1871年8月19日,兄弟俩都出生在美国的代顿市。虽说兄弟俩年龄相差4岁,但从幼年起,兄弟俩就对机械产生了浓厚的兴趣,很自然地就玩到了一起。小时候,兄弟俩经常将街上的破铜烂铁搬回家"研究",常常弄得院子无处下脚。开明的父母并没有阻止他们的行为,对儿子们的爱好总是给予支持和鼓励,兄弟俩身上共有的创造性思想和机械制造才能从小便得到了很好的发挥和展示。

学习期间,兄弟俩不仅是学校里品学兼优的好学生,而且还利用课余时间发明了一种可用来折叠报纸的机器。同时,他们还创办了一份新闻周报《西城新闻》,兄弟俩自己担任编辑,负责出版、发行。

共同的爱好促使兄弟俩和童年的

1908年8月,威尔伯·莱特在法国进行第一次试飞,观看者为其欢呼呐喊。

好友辛斯共同成立了一家"莱特—辛斯印刷公司"，由于印刷业务的增加，他们想要制造一台效率更高的印刷机，虽然这架机器违背了机械原理，但却提高了工作效率，使印刷厂

图为德国青年奥托·李林塔尔正在进行滑翔飞行实验

越来越红火。由于难以割舍这份工作，他们放弃了上大学的机会，可是并没有放弃学习。此后，他们也不断地做着各种各样的试验。他们发明了有前后座的双人自行车，制造了一台新式计算器，他们还造了一台比当时所有的打字机都简单得多的新式打字机。

1896年，一个名叫奥托·李林塔尔的德国青年在进行一次滑翔飞行试验时不幸失事，这件事深深触动了莱特兄弟，他们决定投身到飞机的研制中。他们吸取前人的经验，深入钻研了几乎所有关于航空理论方面的书。几经磨难，他们终于造出了第一架飞机"飞行者"1号，但是试飞并不理想，兄弟俩于是又忙于对飞机的改进工作。

真正的奇迹诞生在3天之后，1903年12月17日上午10时30分，奥维尔驾驶着"飞行者"1号在北卡罗莱纳州的基蒂霍克海滩成功地进行了一次动力飞行，飞行距离为36米，在空中逗留了12秒，随后，又由威尔伯做了一次飞行，结果在59秒内飞行了200多米。人类飞上蓝天的梦想终于实现了。

此后，莱特兄弟又分别造出了"飞行者"2号和"飞行者"3号，这两架飞机的技艺提高到了令人惊讶的专业水平。1906年，他们的飞机在美国获得了发明专利权。后来，经过不断的尝试和努力，飞机愈加完善，他们成立了莱特兄弟飞机制造公司，并成为最早制造飞机的企业之一。

1912年5月30日，威尔伯因病医治无效，离开人世，年仅45岁。1948年1月30日，奥维尔因心脏病突发逝世于霍桑庄园，享年77岁。莱特兄弟让人类飞上蓝天的梦想得以实现，他们对航空事业一往无前、不怕牺牲的精神鼓舞着一代又一代的后继者。

鹦鹉叫得呱呱响，但是它却不能飞得很高。
——威尔伯·莱特

居里夫人
伟大的女科学家

"在我所认识的所有著名人物中,居里夫人是唯一不为盛名所颠倒的人。"爱因斯坦这样评价居里夫人。的确,作为一位女性,她做出了让世人瞩目的成就,成为迄今为止唯一一位两次获得诺贝尔奖的女科学家。

居里夫人是20世纪伟大的女科学家,她做出了在男性主导的科学领域内的成就,对于一位女性而言,是尤为可贵的。谦虚严谨、不骄不躁的处世态度,让她的人格魅力熠熠生辉,不愧是世界杰出女性的典范。

居里夫人原名玛丽·斯可罗多夫斯卡娅,1867年11月7日出生于波兰首都华沙的一个教师家庭。她父亲是一所中学的数学和物理教员,母亲曾当过一所私立学校的校长。在父母的影响下,玛丽从小就对科学产生了兴趣,酷爱学习。然而玛丽的童年却很不幸,当时,波兰正处于沙皇俄国的践踏之下,父亲因对抗沙皇,在学校里备受排挤,经济收入也逐渐减少,姐姐及母亲因病相继去世,玛丽受到了很大的打击。

15岁时,玛丽以优异的成绩完成了中学学业,并获得了金质奖章,后来用自己做家庭教师赚的钱去巴黎留学。在巴黎大学索

居里夫人为人类作出了巨大的贡献,但她并没有因此而不可一世。"我的生命是一个简单而平凡的小故事。"她曾这样总结自己的一生。

尔本理学院，玛丽深深迷恋上了科学，她如饥似渴地埋头于书本。1893年，玛丽获得了物理学学士学位，第二年，又取得了数学学士学位。

1894年，玛丽受法国实业促进委员会的委托，研究各种钢铁的磁性。因工作的需要，她结识了法国年轻的科学家皮埃尔·居里，对科学的共同爱好让他们之间产生了爱情，并幸福地结合了。

1897年，居里夫人发表了第一篇论文《回火钢磁性的研究》。这期间，她以敏锐的观察力注意到法国科学家贝克勒耳发现铀盐矿物不受外界条件的影响，能放射出一种新的射线，但究竟是什么力量使铀盐放射出这种新的射线呢？她决定解开这个射线之谜。

1898年2月，居里夫人测量了当时已知的83种化学元素，发现除了铀之外，一种名为钍的元素也能发出类似的射线，居里夫人把这些射线命名为"放射性"。此外，居里夫人还发现在沥青铀矿中还存在某种比铀和钍的放射性更强的物质。为了证明这个重大的发现，皮埃尔·居里放弃了自己的研究来协助妻子。

然而，这一发现却引起了科学家的怀疑，为了消除人们的疑虑，居里夫妇决定提炼镭。在经历了无数次的失败后，1902年，居里夫妇以顽强的意志克服了种种困难，终于提炼出了0.12克镭盐，并初步测定出了镭的原子量，证实了镭元素的存在。同年，居里夫妇获得了该年度的诺贝尔物理学奖。

1906年，皮埃尔因一场车祸不幸去世，悲痛的居里夫人毅然投入他们未完事业的研究中。1910年，居里夫人分离金属镭获得了成功，并分析出镭元素的各种性质，精确地测定了镭的原子量，与此同时，她还发表了《论放射学》一书。因此，居里夫人在1911年第二次获得诺贝尔奖。

多年的实验研究使居里夫人长年累月处于镭辐射之下，身体健康每况愈下，后来经医生诊断，她患了恶性白血病。1934年7月4日，居里夫人——这位伟大的女科学家离开了人世，享年67岁。

居里夫妇不仅是甜蜜的生活伴侣，而且是事业上的合作伙伴。图为居里夫妇和大女儿的合影。

影响人类历史的名人

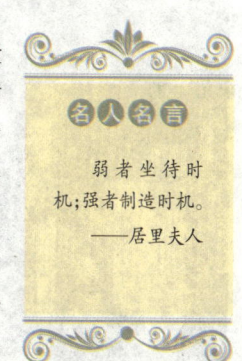

名人名言

弱者坐待时机；强者制造时机。
——居里夫人

卢瑟福

核物理学的奠基人

卢瑟福是20世纪最伟大的实验物理学家之一,在放射性和原子结构等方面,都作出了重大的贡献,与牛顿和法拉第齐名。卢瑟福开创了物理学中一个新的分支——放射学。他关于原子核和原子有核结构的发现,是物理学史上一个划时代的贡献。

欧内斯特·卢瑟福1871年8月30日诞生在新西兰纳尔逊附近乡村的一个工匠家里,他有12个兄弟姐妹,他排行老四。

15岁时,卢瑟福考取了莫尔伯勒省奖学金,1887年2月进入了纳尔逊学校接受中等教育。在中学里,卢瑟福的数学和化学成绩非常好,这也为他日后走上科学道路打下了坚实的基础。1888年,卢瑟福考取了初级大学奖学金,第二年年初他便进入新西兰大学坎特伯雷学院学习。在那里,数学和自然哲学教授库克、化学和物理教授毕克顿教给他科学的思维方法和扎实的实验技术。在校期间,卢瑟福以非常好的成绩取得了文学硕士学位。同时因为他在数学方面的特长,获得了继续留校深造的机会。在此期间,他成功地设计了一部高效率的检波器。

1894年,卢瑟福以《使用高频放电法使铁磁

卢瑟福在致力于科学研究的同时,还撰写了大量的学术论文,他的许多科学巨著一直是物理学界的经典著作。

化》的论文获得了理学学士学位。同年，他又当选为新西兰科学学会会员。从此，这个23岁的青年人迈出了他科学研究的第一步。1895年，因他在科学领域的开拓性研究工作而获得英国"博览会科学奖奖学金"，随后他又被选送到剑桥大学卡文迪许实验室进一步深造，成为汤姆逊教授的研究生。

1895年，X射线被发现之后，卢瑟福与汤姆逊一起投入X射线的本质及其对气体导电所产生影响的研究工作中。在实验中，他们发现X射线可以产生大量带正负电的离子，不久，卢瑟福又自己发明了测定这些离子速度和复合率的方法。后来，他用镭来检验X射线。在研

除了实验必需品，没有其他设施。卢瑟福就是在这样简陋的实验室里完成了诸多放射学和原子结构方面的研究。

究中，他又发现了两种射线，就是我们今天耳熟能详的α射线和β射线。在他的论文《铀辐射及其产生的电传导》中，他详细地说明了α射线和β射线的性质，指出α射线易于被吸收，β射线具有很强的穿透性，这就为后来人们广泛地应用它们指明了方向。

随着研究的不断深入，卢瑟福与英国化学家索迪共同研究放射性。在对钍的研究中，他们分离出了一种放射性比同重量的钍大千倍以上的新物质，并命名为"钍 X"，这就是后来我们知道的同位素。

正是对α粒子散射实验的系统研究，使得卢瑟福对"原子是组成物质的基本单位"的说法产生了怀疑，他提出了原子核的存在，并据此提出核式原子模型，最终代替了在原子论思想领域统治了2 300年之久的德谟克利特原子观念。1908年12月，诺贝尔奖委员会基于卢瑟福在"元素蜕变和放射性物质化学方面的研究"成就，授予他1908年度诺贝尔化学奖。

科学家不是依赖于个人的思想，而是综合了几千人的智慧。
——卢瑟福

卢瑟福对元素放射和原子结构的研究，为他赢得了世界性的声誉。他被选为许多学术机构的会员，并被封为爵士，成为核物理学当之无愧的奠基人。1937年10月19日，卢瑟福与世长辞，享年66岁。

马可尼

无线电之父

马可尼在无线电通信的研究方面取得了令世人震惊的成就,他首次让无线电穿越英吉利海峡,穿越大西洋,实现了两个国家之间的第一次无线电联络。如今,无线电通信已成为全球性的事业。

19世纪末期,一些人开始意识到电磁波可以应用于无线电通信技术中。马可尼对无线电通信进行了深入研究,并取得了令世人震惊的发明,因此被誉为"无线电之父"。

1874年4月25日,古列尔莫·马可尼出生在意大利的古城波伦亚。他的家庭十分富裕,从小在家庭教师的指导下学习。少年时,马可尼就对科学产生了极大的兴趣,经常自己动手做一些小玩意。16岁时,他接触到了有关赫兹实验的文章,并且受到了很大的震动,开始一边收集资料一边进行实验。

1894年,马可尼利用简陋的设备,如感应线圈、接收机上的金属检波器、火花放电器(即振荡器)以及几个电池等进行了简单的无线电实验,并取得了初步成功。在此后的研究中,他不断进行改进,1895年秋天,电波信号已经可以发射到2.7千米左右。这一成功使马可尼更加确信无线电在通信中的潜力,他从此产生了让无线电布满全球的伟大理想。

马可尼与他钟爱的无线电装置

为了进一步扩展无线电事业，马可尼于 1896 年来到了伦敦，为无线电申请了专利。1897 年 5 月，马可尼发送的信号第一次越过布里斯托尔海湾。在实验中，为了增加天线的高度，他用风筝做收发天线，距离一下子扩大到了 14.5 千米。不久，马可尼又筹办了电报与电信公司，还在英国维特岛的阿鲁姆湾建立了一座命名为尼特的无线电台，使更多的人了解到了无线电的神奇力量。

1898 年 7 月，爱尔兰首都都柏林的《每日快报》成了第一份用无线电发送新闻的报纸。第二年 10 月，在美国举行的美国杯国际帆船大赛中，马可尼在两艘船只上装备了无线电设备，向纽约市报界报道了这次盛大比赛的进展情况。这次报道的成功，使社会各阶层更加关注无线电。

图为工作人员正在用无线电发送电报

1899 年 3 月，无线电穿越英吉利海峡，英法两国间第一次进行无线电联络。当时，马可尼的名字几乎传遍了全世界，他被邀请到澳大利亚、巴西、中国等地做无线电通信的示范。同年 7 月，无线电通信装置第一次在英国海军演习中使用，并获得了极大的成功。随后，马可尼又产生了让无线电横跨大西洋的设想，可是他的这一设想却遭到了一些人士的嫉妒与诽谤，但马可尼仍然坚持不懈地进行研究。经过大量艰巨的实验，1901 年 12 月 12 日，无线电信号终于成功地飞越了 3 200 千米的大西洋，从遥远的英国传到了加拿大的纽芬兰。

1909 年 12 月，35 岁的马可尼因为在无线电通信史上的贡献，获得诺贝尔物理学奖。

马可尼晚年的研究都是在海上进行的，他专门为自己买了一艘游艇作为海上实验室。1926 年，马可尼用埋头研究了 6 年的短波无线电，完成了一套用此系统覆盖整个英国的宏大工程。此后，短波电台在南非、印度等许多国家陆续建立，马可尼完成了让无线电台布满全球的理想。1937 年 7 月 20 日清晨，马可尼因病去世，享年 63 岁。

爱因斯坦
世纪伟人

爱因斯坦是20世纪最伟大的自然科学家,也是人类历史上最具创造性才智的人物之一。他提出了举世闻名的狭义相对论。爱因斯坦视科学如生命,一生执著于事业,他的研究成果在科学的发展道路上矗立起了一块块里程碑。

爱因斯坦是科学、智慧、公正、真理的化身,他永远虚怀若谷地探索着未知的真理世界。1999年12月26日,爱因斯坦被美国《时代》周刊评选为"世纪伟人"。

1879年3月14日,阿尔伯特·爱因斯坦出生于德国南部乌尔姆城内一户普通的犹太人家里。因经济原因,爱因斯坦的童年生活很动荡,历经数次搬家。尽管家庭经济困难,但他的父亲有着极高数学天赋和文学造诣,母亲受过良好的音乐熏陶,所以为爱因斯坦的成长创造了一个良好的文化氛围。爱因斯坦6岁时,就在母亲的指导下开始了小提琴的指法练习,他成为科学家时,已有了很高的音乐造诣。音乐为他驱散了忧郁和喧嚣,也开启了他非凡的思维能力,引导他在科学的王国里自由地遐想。

爱因斯坦年少时就有着强烈的好奇心和求知欲。1894年,爱因斯坦的家由德国慕尼黑迁往意大利米兰。1896年10月,爱因斯坦考入瑞士苏黎世工业大学师范

爱因斯坦是20世纪最伟大的自然科学家,同时还是一个具有高度社会责任感的正直的人。崇尚宁静,偏好孤独是他个性的体现。

系，学习物理知识。在大学里，爱因斯坦并不是一个很突出的学生，他离群索居，不为人喜欢。爱因斯坦曾说过："我总是生活在寂寞之中，这种寂寞在青年时代使我感到痛苦，但在成年时却觉得其味无穷。"1900 年，爱因斯坦毕业于苏黎世工业大学，并完成他的第一篇科学论文——《由毛细管现象所得的推论》。这一年，也是爱因斯坦科学探索之路的起点。

爱因斯坦虽然习惯于生活在寂寞之中，但是他很愿意把自己的知识传授给更多年轻人。图为韩国首尔科学博物馆前的爱因斯坦微型雕塑。

1905 年是爱因斯坦在科学生涯中取得辉煌成就的一年。他完成了多篇科学论文，其中有 4 篇成为物理学不同分支发展道路上的重要标志。其中《分子大小的新测定法》使爱因斯坦获得了博士学位，另一篇名为《论运动物体的电动力学》，爱因斯坦在这篇论文中提出了举世闻名的狭义相对论，这一划时代的成就，是他 10 年心血的结晶。1916 年，爱因斯坦在老同学格罗斯曼的帮助下，发表了《广义相对论的基础》，这篇论文是广义相对论在理论上的完整形成。在这个理论中，爱因斯坦将相对性原理推广到引力场中。他将同时代的科学家们远远抛到了探索的后面，在科学的发展道路上矗立了一块新的里程碑。这一年，无疑也是爱因斯坦在科学探索之路获得最大成功的一年。

1933 年，爱因斯坦的生活出现了重大转折。德国纳粹势力获得政治权力后，对犹太人、和平主义者、民主主义者进行残酷迫害。爱因斯坦一贯主张和平，反对战争和暴力，此时他迁居美国，在普林斯顿高等研究院从事理论物理的研究工作，并发表了《不回德国声明》。他还亲自给当时的美国总统罗斯福写信，建议抢在德国之前制造出原子弹，以免德国纳粹先造出原子弹给人类带来巨大的危害，体现了他的和平主张。

爱因斯坦晚年致力于统一场的研究。1949—1950 年，他发表了《关于广义引力论》，虽然被许多科学家驳斥，但他依然不知疲劳地进行着研究。1955 年 4 月 18 日，爱因斯坦在普林斯顿的家中病逝。

成功＝艰苦的劳动＋正确的方法＋少说空话
——爱因斯坦

海伦·凯勒

自强不息的作家

海伦·凯勒是一位杰出的女性。作为一名残疾人,她克服了自身的种种障碍,顽强地拼搏着。海伦·凯勒通过自己的工作,为全世界盲人及其他残疾人作出了巨大贡献。她的自传体作品《我的生活》鼓舞了许多人,为人类带来了无限光明。

海伦·凯勒的一生可以说是极不平凡的一生,她以超乎常人的毅力和进取精神,为自己的生命创造了奇迹。

1880年6月27日,海伦·凯勒生于美国南部阿拉巴马州图斯库摩比亚的一个小镇上,她的父亲是一名上尉军官,母亲是一位温柔和蔼的女性。海伦·凯勒是家里的第一个孩子,她的降临给父母带来很多欢乐。然而不幸的是,在20个月左右的时候,她突然得了一种疾病,医学称之为"大脑急性出血",这场病改变了她的一生。

病愈后,海伦·凯勒虽然保住了性命,却从此失去了听力和视力。对于一个不足2岁的孩子来说,这就意味着她将永远幽闭于黑暗、沉寂、孤独的世界中,未来的生活难以想象。仿佛是上帝仁慈的安排,此时,她的生命中出现了一位影响她一生的人,这就是她的家庭教

海伦·凯勒凭借着顽强的毅力,使自己原本黯淡的生命绽放出耀眼的光彩。

师——安利·沙利文。安利·沙利文小姐的出现成为海伦·凯勒一生决定性的转折，这位家庭教师和蔼善良、有耐心并具有牺牲精神。在她的耐心指导下，海伦·凯勒幼小的心灵被开启，不仅获得了知识、意识和对人生的理解，而且充满了仁爱、光明和希望。

海伦·凯勒在与自己的家庭教师——安利·沙利文下象棋。

在最初学习的日子里，沙利文小姐想尽一切办法来让海伦·凯勒认识这个世界。将水滴在她的掌心，然后再在她的掌心中用手指写上"水"这个单词，让她触摸事物，继而写出它们的名称……渐渐地，海伦·凯勒掌握了26个字母，学会了大量单词，学习模仿器官运动的方法进行发音。最终，海伦·凯勒说出了模糊的字母发音，逐渐能与外界进行交流了。在医学的年鉴上，海伦·凯勒是第一个学会语言交流的盲聋哑儿童。

1900年9月，海伦·凯勒考入哈佛大学拉德克利夫女子学院，实现了她上大学的夙愿。在大学里，除了上课之外，她坚持写作，她的文章文字优美，组织巧妙。此时她的父亲已经去世，母亲无力供她继续上学了，她便通过写作来赚取生活费用。她的写作才能被文学教授发现后，大加赞赏与鼓励。她开始以自己的生活为原型，着手《我的生活》，尽管出版后并不畅销，但已经足以让她过上自给自足的安定生活。

海伦·凯勒渐渐成为公众人物，并开始从事社会工作，但她并没有停下手中的笔。在《我的生活》完成之后，她用了10年的时间，写完《老师》一书，这是献给沙利文小姐的，字里行间流露出无比的感激之情。

20世纪30年代，海伦·凯勒在沙利文的陪同下，访问了欧洲和亚洲各国。她非常关心聋哑盲人的状况，为他们呼吁，为他们募捐。为此，许多国家授予海伦荣誉学位和奖章。

1968年6月1日，海伦·凯勒与世长辞。她坚强的意志和卓越的贡献感动了全世界，各地人民纷纷开展了纪念她的活动。

名人名言

只要朝着阳光，便不会看见阴影。

——海伦·凯勒

谷登堡

金属活字印刷术的奠基人

谷登堡是欧洲金属活字印刷术的奠基人,他对印刷术所作的贡献具有划时代的意义。从此,大量的印刷图书代替了繁重落后而又容易出错的手抄图书,为新思想、新作品的传播提供了物质基础,使文艺复兴和宗教改革空前高涨,大放异彩。

谷登堡于15世纪中叶开始活字印刷的发明研究,他选用金属材料来制作活字,并确定了每种金属的含量配比。此外,谷登堡还发明了铸字盒、冲压字模、铸造活字的铅合金、木制螺旋印刷机、印刷油墨和一整套印刷工艺。

谷登堡,这位默默无闻的工匠所发明的西方活字印刷术几乎改变了整个世界,然而对于这位伟大发明家的身世,我们却知之甚少。谷登堡一生中的许多时间都耗费在与人纠缠不休的官司上。有一个案子是关于他父亲遗嘱的争端;另一个则是关于一份本应属于他母亲财产的官司;还有一个叫安娜的女人告他违背了原先答应娶她的婚约;连一个鞋匠也向法院起诉,说谷登堡是一个谎话连篇的大骗子。直至他生命的最后一刻,他还在为一些债务而与他人对簿公堂。我们正是从这些案件的记录中,对谷登堡的生平有了一些大致的了解。

大约在1400年,谷登堡出生于德国的战略重镇美因茨,他早年家境还算富裕,曾学过一段时期的金工。1430年,美因茨城镇居民之间发生冲突,谷登堡家族所在

> 虽然谷登堡的一生并不是非常如意,但是他的发明却光芒四射,导致了一次媒介革命,迅速推动了西方社会科学的发展。

的一方被击败，他们一家不得不搬到美因茨以南160千米的斯特拉斯堡居住。

大约在1435年，谷登堡开始研究印刷术。在这以后的20年时间里，谷登堡最关键的发明就是金属活字的铸造。近代印刷必备的活字、印刷机、油墨和纸张四大要素中，只有纸张是谷登堡时代已经具备的，其余三个要素则是谷登堡经过自己的努力，或进行重大改造或独立发明而创制出来的。

1450年，谷登堡的研究已初见成效。他回到美因茨后，为了购置印刷工具，从富裕律师约翰·福斯特那里贷了800荷兰盾，开办了自己的印刷厂。

1455年，谷登堡开始使用新技术印刷拉丁版的《四十二行圣经》。为了实现自己的发明创造，谷登堡甘冒一切风险来推行这项工作。他原想这项工作完成以后，便可带来可观的收益，然后再利用这笔钱来偿还贷款。然而债权人福斯特却不能等到这一天，《四十二行圣经》还没有印刷完，他便将谷登堡告上了法庭。法庭的裁决令谷登堡悲痛不已：他要连本带利偿还福斯特的一切贷款。这样，谷登堡只好把铅活字、印刷机和所有还在手上的印刷品全部抵给福斯特。因此，《四十二圣经》的印刷最后是由福斯特和谷登堡的女婿彼得·舍弗尔共同完成的，而谷登堡本人根本没见到《四十二行圣经》出售之后所赚回的一分一厘。他多年来奋斗的结果，最终却成为福斯特和舍弗尔新公司的资产。

可是，谷登堡并没有放弃自己的希望，后来他又通过各种渠道筹到一些资金，拥有了全套印刷设备，继续经营印刷业，但他始终未能摆脱债务的纠缠。

至于谷登堡的晚年生活，像他一生中的许多阶段一样遮掩在云雾之中。我们仅知道，作为一名美因茨的杰出公民，他于1465年得到了一份为数不多的年金，大约3年以后，谷登堡在美因茨去世。

图为使用谷登堡发明的木质螺旋印刷机印刷的第一本《圣经》书影

影响人类历史的名人

弗莱明

青霉素的发明者

青霉素是医学史上第一种有效实用的抗生素，它的发现标志着人类医学史进入了一个新的纪元。提起青霉素，我们自然会想起弗莱明。在医学已经相当发达的今天，弗莱明的功绩依然熠熠生辉。

> 表面上看，青霉素的发现是偶然的，然而，这一偶然之中其实也包括着许多必然，那就是弗莱明对研究工作的锲而不舍和持之以恒。图为专注于细菌研究的弗莱明。

亚历山大·弗莱明1881年8月6日出生于英国，他从小家境贫寒。长大后，弗莱明到伦敦一家船务公司做小职员。5年后，他考上了当地具有悠久历史的圣玛丽医学院，因为他成绩优异，所以毕业后留在了圣玛丽医学院预防接种科。

初到实验室的时候，弗莱明被任命为细菌学讲师，他一方面给学生讲课，一方面做研究工作。他主要研究细菌的生长状况以及消灭致病菌的方法，同时寻找和研制能消灭病原菌的各种药物，力图找到一种既能杀灭病原菌，又对患者身体没有任何毒性的药品。

1922年，弗莱明无意间发现了"溶菌霉"。溶菌霉的发现使弗莱明对抗菌类药物的研究进入了更深一层的探索，鼓舞他去发现作用更大的抗菌物质，并最终导致了青霉素的发现。

从青霉菌溶液中提炼出青霉素，成了弗莱明面临的重大难题。几经磨难，在德国青年化学家钱恩的帮助下，1940年冬天，弗莱明终于提炼出了一些浓度较高的青霉素。钱恩将这些青霉素注射到4只感染了致病菌的小白鼠身上，结果4只小白鼠全部奇迹般地活了下来。后来青霉素的生产被推向了工业化道路，从此，青霉素被大量生产，并很快应用于二战中，大大降低了战争所带来的死亡率。

1945年，弗莱明因在这一领域的杰出贡献荣获了诺贝尔生理学及医学奖。1955年，弗莱明逝世，终年74岁。

毕加索
超现实主义画家

毕加索是西班牙著名的画家、艺术家。他的作品抽象、前卫，是立体主义革命派的代表，他本人也被誉为"立体主义之父"。毕加索终身致力于艺术创作，在艺术的发展史上写下了光辉的一页。

毕加索名作《亚威农的少女》

巴布罗·毕加索于1881年10月25日生于西班牙的马拉迦市。1900年，他首次来到向往已久的浪漫艺术之都巴黎，尽情享受着艺术的熏染，并于1904年定居于此。

1906年，毕加索受野兽派领袖马蒂斯的影响，开始热衷于原始艺术。此后他对原始艺术和抽象艺术加以实践，《亚威农少女》的草图就是在这个时期完成的。这幅画宣告了他与过去500年来西方艺术主流传统的决裂，成了理解和表现空间的一种新方式，一种完全具有革命意义的方式。

1917—1924年，毕加索进行了两种不同方面的创作：一种是古典主义的传统绘画，以描写自然或生活为主；另一种则是立体主义的创新。

西班牙内战爆发时，毕加索创作了大量关于战争的作品。1937年，西班牙驻法国大使邀请毕加索为巴黎世界博览会的西班牙展馆绘制一幅画作，他利用积累的大量素材，凭借其丰富的想象力完成了被称为"超越了所有流派的艺术作品"《格尔尼卡》。

1949年，毕加索又把自己热爱和平的心情倾注在经典之作《和平鸽》中，并将这幅作品献给"世界热爱和平者大会"。由于他对国际和平事业作出了重要贡献，所以荣获1950年国际和平奖。

毕加索晚年时仍然醉心于创作，他曾说："有人说我疲倦了，不再工作了，让他们瞧着吧！"1973年4月8日，正当他忙着筹备亚威农和尼斯两地举行的展览时，却因心脏病突发溘然长逝，享年92岁。

ヴェニスの商人

戯曲文学画展